ながいかふう
永井荷風——著
楊明綺——譯

和日本文豪一起漫遊老東京

跟著永井荷風散步淺草、銀座、築地、月島、麻布……

目次

輯二　念念不忘，舊時回憶

小說

寫在前面

遊蕩老東京——日本巨匠作家筆下的慢活物語

◎王文萱（京都大學博士）

「散步」類型的電視節目，近年來在日本頗為流行。幾位外景主持人或來賓，漫無目的地在某個區域「散步」，大眾化一點的，是探尋當地不為人知的美食或店鋪，更深入一點的，則是由無意間所見的地形或遺跡，進而探究當地歷史、地理、文化。雖然「散步」蔚為風潮是近期的事，但若要說到日本「散步」界的先驅——那便非永井荷風（ながいかふう，Nagai Kafu，一八七九－一九五九）莫屬了。

荷風除了寫小說，還留下了許多散步紀實文章。他的散步隨筆，不特意書寫美景或名勝，寫的是他隨心所欲漫步時的所見所聞，內容盡是近代化都會中的斷壁殘垣、市井陋巷、私娼、女侍、舞女等等。他的書寫方式，是宛如攤開城市地圖、拿著放大鏡窺看一般，將他當下眼界所及的每個角落，毫不遺漏地一網打盡。

鍾情江戶、憧憬法國

一八七九（明治十二）年，荷風生於東京市小石川區（現今的東京都文京區西部）。父親久一郎是留美菁英，同時也是漢詩詩人，任官職，因此荷風自小不愁吃穿，學日本畫、漢學、書法，又受喜愛戲劇的母親影響，熟悉歌舞伎及日本傳統音樂。少年時期他沉溺於江戶時代的戲作文學（「戲作」指江戶時代的通俗小說）、傳奇小說等，書讀得差強人意，卻鍾情於文學寫作。其後甚至修習法文，醉心於法國自然主義代表作家左拉（Emile Zola，一八四〇—一九〇二）的作品，這也大大影響了他的寫作風格。

二十四歲（一九〇三）時父親安排他赴美工作進修，他卻一心惦著法國，總算於一九〇七年在父親安排之下實現願望，在法國停留了十個月。四年的歐美經驗，他當然沒正經地工作，卻開拓了視野，持續寫作，回國後甚至被推薦到慶應義塾大學講授法國文學。此時期他還創辦文藝雜誌《三田文學》（一九一〇），並於一九一四（大正三）年起在上面連載《日和下駄》，約一年後集結成書。「下駄」指的是「木屐」，荷風外出時，總是喜愛帶著一支黑傘、腳著木屐，隨興之所致遊走四方。《日和下駄》正是他在東京這個以高速邁向近代化的都市當中，探尋昔時江戶時代面影的散步隨筆，此時值日本大正時代（一九一二—一九二六）初期。

從《日和下駄》到《斷腸亭日乘》

荷風在《日和下駄》當中，表明了自己有多麼喜愛散步，而這份興趣，從他年少時代就開始了。荷風十三、四歲時，由於家裡短暫搬遷，當時沒有電車，必須走上一段路通學。他卻不覺得累，總是特意改變路徑、或是繞遠路，不為探訪名勝、不為求成果，單純只為了享受散步樂趣，陶醉在眼前景物裡。執筆此書時他正值三十多歲，至於他為什麼執著於在近代都市東京追求江戶面影，這就不得不提到一九一〇（明治四十三）年發生的「大逆事件」了。

一九一〇、一九一一年，政府以社會主義者幸德秋水等人計畫暗殺明治天皇為由，逮捕、起訴全國的社會主義者及無政府主義者，最後多人被判死刑。此事件直到後世被研究者們翻案，認為有部分是政府捏造的罪名。荷風當時對政府極為灰心，他在〈花火〉（一九一九）一文當中表示，高官們一昧求取西化的同時，另一面卻迫害市民，他沒有勇氣糾彈政府，只得當個「戲作文學」的作家。大逆事件發生後，對政府心灰意冷的荷風，不斷在東京追尋著昔日江戶時代的影子，或寫懷古、或寫花柳風情，退而當一名觀察家，隱於市。

於私，荷風也過得糜爛又逍遙。他原本就喜出入花街柳巷，一九一二年奉父命娶妻，隔年父親病逝後便離婚。一年後更娶了名為八重次的藝妓，甚至因此與親戚斷絕關係，但不到一年卻又離婚。之後雖然未曾再婚，但身旁卻不乏女性，其中大部分是藝妓、私娼等等。一九一六（大正五）年他辭去慶應的教職，一九一七（大正六）年開始寫作《斷腸亭日乘》，這是他四十多年來的日記，一直持續記錄到一九五九（昭和三十四）年他去世前一天為止。一九二〇（大正九）年，他搬進了位於麻布的新居「偏奇館」，過著獨居自在的創作生活。

創作巔峰至晚年孤寂

荷風在文學上的成果越來越豐碩，描寫的對象也由藝妓轉向私娼、Café女侍等。隨著生活越來越有餘裕，他更熱愛四處散步遊走，發表許多觀察紀實文章，並且於一九三七（昭和十二）年發表小說《濹東綺譚》，描寫的是位於現今東京都墨田區的私娼窟「玉之井」。他還嘗試書寫歌劇劇本《葛飾情話》，一九三八（昭和十三）年於淺草歌劇館上演，由於這是日本人所創作的正式歌劇先驅作品，引起很大迴響。其後卻因戰爭越演越烈，給他的生活帶來很大影響。

二戰的東京大空襲，讓荷風失去了偏奇館，以及許多藏書。顛沛流離、四處寄居避難的生活，讓他身體及精神狀況逐漸惡化。直到一九四八（昭和二十三）年，荷風入住位於現今千葉縣市川市東菅野的家，總算讓他身心安定下來，繼續漫步城市並且創作。

一九五二（昭和二十七）年，七十三歲的荷風獲日本政府頒發「文化勳章」，認可他的創作，以及對江戶文學的研究業績、翻譯外國文學的貢獻。隔年還被日本藝術院推選為會員，這是向功績顯著的藝術家們提供優厚待遇的榮譽機構。一九五七（昭和三十二）年他搬遷到最後的居住地市川市八幡，一九五九（昭和三十四）年，七十九歲的荷風，因胃潰瘍發作吐血身亡。

隨心之所欲，漫步在世間

據說，荷風的遺體被發現時，身旁有個提包，裡面擺著土地權利書、存摺、以及文化勳章等所有財產，存款超過兩千多萬，換算成現今通貨的價值，可以數億元計。晚年的荷風過得簡單又孤寂，他並非無財可用，而是如同他在《日和下駄》中所說的：「我並沒有任何應盡的義務或責任，如同隱居之身。我多方考量的結果，能夠日復一日，不在世間露臉、不花費金錢、不需有人相伴，又能隨心之所欲，悠哉度日的方法之一，那便是在市中漫步。」荷風生為富家子弟，死後又留下億金。雖然自小不愁吃穿的環境，的確支撐了他的寫作，但他不為物質所束縛，終究願做個局外人、當個觀察者，一輩子隨心之所欲，漫步在世間。

街景不斷變化更迭的銀座、充滿庶民人情的淺草、曾以私娼寮而鼎盛一時的玉之井……。荷風詳實地記載了這些地方曾有的樣貌，數十年、百年後的今日，踏上這些土地的旅人們，又是否能透過荷風的文章，在現代繁華的東京，感受到昔日風情呢。

本文作者

王文萱，網路筆名Doco。京都大學博士，研究日本大正時代畫家竹久夢二。譯作二十餘本，並主持日本傳統文化推廣組織【MIYABI日本傳統文化】。日本傳統文化相關資格：全日本和服顧問協會會員、和服顧問九級、日本裝道禮法和服學院禮法講師、日本生田流箏曲正派邦樂會準師範、日本茶顧問等。著有《京都爛漫》（二〇一三）。

隨筆

輯一

逍遙漫步，大隱於市

銀座

每每前往有樂座、帝國劇場與歌舞伎座觀賞戲曲表演後，必定順道前往銀座的啤酒屋歇腳，和同樣賞完戲的友人針對演出內容唇槍舌戰、高談闊論，絲毫不在意末班車時間。

近一、兩年來，我因事頻繁前往銀座，不知不覺竟成為觀察銀座周遭種種的專家。

唯一覺得遺憾的是，因為沒和當前的政治家往來，所以沒有一享松本樓雅座的機會。但人生在世，難免需要交際應酬，所以我也曾一身大禮服，頂著炎夏烈日，登上爬下帝國大飯店、精養軒與交詢社的樓梯。每每前往有樂座、帝國劇場與歌舞伎座觀賞戲曲表演後，必定順道前往銀座的啤酒屋歇腳，和同樣賞完戲的友人針對演出內容唇槍舌戰、高談闊論，絲毫不在意末班車時間。眾所周知的銀座大街上，有兩家西洋樂器店專門販售於上野音樂學校舉行的演奏會門票；專門展出新美術品的藝廊「吾樂」，位於八官町大街；販售雜誌《三田文學》[1]的書店則是位於築地本願寺附近。三十間堀的河岸大街上有間供奉地藏菩薩的小廟，每逢地薩菩薩結緣日，尤其將近深夜十二時，便能瞧見成群身穿華美浴衣的婦女出外買花。

每次和某位我所敬愛的下町俳人之子見面時，都會讓我不禁想起藏前那

譯註｜1｜以慶應大學文學系為中心所辦的文藝雜誌，也是除了公開發行、販售的文藝雜誌之外，是日本歷史最悠久的文學雜誌。

些一派悠然的貴族氣質，行事有著洗練江戶之子風格的仕紳，這位友人的宅邸與團十郎[2]的廣闊庭園比鄰而居。高聳圍牆、蒼鬱樹木，促使電車聲響猶如遠處的暴風雨般聽來疲軟。此宅邸的茶室讓我甘願忍受雙腳跪坐時的痠疼，一邊聆聽茶釜煮水的沸騰聲，一邊和緩對於現代人無禮行徑的反感。

此處有一條被建於大街上的民宅遮蔽，連聳立於正前方，巍峨的本願寺屋頂都望不見的僻靜後街，還有幾條正經人士絕對不會知道的小巷。某個放晴的夏日夜晚，我曾從小巷的樓房二樓欄杆，叫住打這兒經過的新內[3]藝人，歡喜聆賞他隨口唱的醉月情話；或是梅花散落，春寒料峭的午後，掩上毛玻璃窗門，屋內猶如傍晚時分般昏暗，在幾位老藝妓合唱一中節[4]的聚會上，我從那失了光澤的古樸音調，吟味疲憊不堪的哀傷。

然而，自覺別人和我一樣不幸的世界主義，促使我難以忘懷從首都飯店的餐廳露台外那排植栽縫隙間望去，那夜晚的河水、月夜下的月島、月夜下的船影在水氣迷濛的溫暖冬夜裡，更顯美麗。在一群以世界各地為家，愉快

譯註｜2｜1838-1903，市川團十郎，活躍於明治時期的歌舞伎演員。
譯註｜3｜江戶時代流行的一種民間歌曲。
譯註｜4｜淨琉璃的一種，日本的傳統曲藝。

談笑的外國人當中，唯獨自己寂寞獨酌一瓶吉安地酒，追憶逐年淡忘的遙遠國度往事。

銀座一帶可說新舊皆備，無所不有；一國的首善之都以其權勢與財富蒐集而來的物品，皆陳列於此。我們要買一頂流行新帽，要買從遙遠國度進口的葡萄酒，自然得來銀座一趟。同時，若想在有樂座等飄散「舊時」氛圍的地方，吟味過時的「老歌」，果然還是必須選擇只有這一帶才有的特殊場所。

我時常登上「天下堂」的三樓屋頂，享受眺望都市景致的樂趣。既非「山崎洋服店」的裁縫師，也不是「天賞堂」店員的我們，若想登上俯瞰銀座一帶的景致，登上「天下堂」的樓梯，這絕對是最簡便的方法。登上此處遠眺，東京市街看起來倒也不髒亂。十月晴空下，磚瓦屋頂猶如大海般一望無際，又圓又粗的電線桿雜亂矗立，雖然醜陋得令人瞠目，卻也讓人感受到東京終究是個大都市。

山手線電車橫駛於民宅屋頂上方，不僅能遠眺山手線鐵軌另一邊的霞關、日比谷、丸之內等地的美景，以及與芝公園的蒼鬱樹林相對的部分品川灣，還能望見從眼下的汐留水道綿延至濱御殿的幽邃樹林、白色城牆，隨著四季與時間的更迭，呈現百看不厭的美景。

視線從遠處美景移回正下方的街景，有幾條後街小巷與銀座大街並行，筆直穿梭於屋頂齊高的民宅之間。家家戶戶都有的曬衣露台，看起來彷似成排的糖果盒，晾在露台上的紅布與成排盆栽在陽光和煦、雲淡風輕的午後，竟能在髒污屋頂與牆壁之間，閃耀出驚人的鮮豔色彩。當從露台進入屋內的拉門敞開時，我清楚窺見待在二樓客廳的人在做什麼，俯視女人露肩化妝的模樣，或是站在狹窄廚房後門水溝蓋上沖涼的情景。日本女人在外人看得見的地方沖涼，可是讓《菊夫人》[5]一書的作者，甚感驚喜的大事件；這可是就算不刻意登上「天下堂」的屋頂，也能在高台住宅區圍牆路旁屢屢撞見的奇景。若想進一步探究此事，就會發現不過是重演一直以來的日本民宅與民

譯註｜5｜1850-1923，Pierre Loti 皮耶．羅狄，本名朱利安·維奧，法國小說家和海軍軍官。著有《冰島漁夫》、《拉曼邱的戀愛》等。

族性等問題。

任誰都能想像我們的生活不久將西化，尤其趨於美國都會風貌。然而，試著反思這問題，縱使東京的風貌不久將幡然改變，也不難想像那些口舌辛辣的觀察家肯定對於如何保存、隱藏東京的舊時風貌甚感興趣。以帝國劇場的建築為例，雖然呈現純西洋風，但不知不覺間，大理石廊柱的隱蔽處逐漸孳生出舊劇場才有的髮簪屋與小吃店，損及劇場的莊嚴格調。銀座商店的改頭換面、銀座街道的鋪設等，這些為了因應將來的變革，又該如何讓一身浴衣、綁兵兒帶[6]，出門納涼的人們，以及撐著唐傘[7]，足蹬高腳木屐的往來行人融入周遭街景呢？當我來到交詢社[8]的大廳時，瞧見描繪希臘風人物的「神之森」壁畫下方，有幾組身穿五紋禮服的紳士，與一身西式燕尾服的紳士相對而坐，對奕圍棋。棋子碰撞聲響徹金箔天井高聳的大廳，還不時夾雜從走廊對面房間傳來的撞球聲。初次目睹這番光景，內心湧起一股難以言喻的奇妙感。為何會有如此奇妙感覺，看來有必要深思一番。風格道地的純江戶式

譯註｜6｜男人穿和服時，繫於腰間的腰帶。

譯註｜7｜用紙和竹子製作的和風雨傘。

譯註｜8｜1880 年由福澤諭吉提倡創設，日本第一間企業家的專屬俱樂部。

料理屋小包廂，天花板上不但垂吊著和印刷廠一樣的白燈罩電燈，連電風扇這種舶來品都有。亦即現代生活中所有純粹既有的東西，無東西方之分，都必須磨合。據聞異族的混血兒倘若沒有特別予以管教，容易遺傳到父母雙方的人格缺點，看來日本當代生活正是如此。

銀座一帶堪稱日本最時髦的地方，這裡有最令人深感諷刺的奢侈店家；倘若想品嘗道地的西式料理，肯定會發現這一帶的西餐廳都無法滿足這般欲求。銀座的文明發展與橫濱飯店之間有著明顯區別；此外，橫濱與印度的殖民地，以及西方之間也有登梯似的差異。

因此，有人說與其花錢吃帝國飯店的西式料理，不如站在路邊攤啃豬排。路邊攤啃豬排雖然失去享用西式料理的情趣，卻能和傳統的天婦羅交融，成了一道新美食；又好比長崎蛋糕與南蠻鴨肉麵經由長崎傳入日本，儼然成了日本料理，亦是一例。

我一直認為人力車與牛肉鍋是明治時期從西方傳入，經過改良後最成功的兩樣東西。雖然不敢說時至今日，我們對於這兩樣東西絕對不會有反感，但牛肉鍋的絕妙滋味就是在「鍋」這個傳統形式中，加進「牛肉」這項新品。當初人力車傳入日本時，造型小巧的猶如玩具，有種說不出來的滑稽感，彷彿因應日本生活而發明出來的東西。這兩樣東西都不是以原本的樣子傳入日本，也不是無意義模仿下的產物，至少「發明」這個帶有讚美之意的字眼，能夠表現發明者的苦心與創造力；換言之，就是通過關於民族性的檢測後，才呈現出來的物品。

就此點看來，個人對於維新前後傳入日本的西方文明，可說相當敬佩折服。德川幕府聘僱法國士兵訓練步兵，士兵頭戴出陣頭盔，身穿窄袖的武士和服外褂；以往這身插著大小兩把刀的服裝遠比今日的軍服，更適合上半身較長，雙腿彎曲的日本人。日本人身穿西式軍服，無論是什麼高官名將，威儀風采都比不上西方的下士軍官。因此，必須依各種族的容貌、體格、習慣與行為舉止，才能以苦心與勇氣打造出並非千篇一律的事物。我每次欣賞描繪上野之戰的畫作，都會讚嘆畫中軍官配戴的紅白毛頭盔真是美麗，並聯想到拿破崙帝國時期騎兵那一身凜凜鎧甲。

離開銀座大街，來到所謂的金春小巷，兩旁均為現在來看已經相當老舊的磚瓦大雜院，讓我憶起明治時期西洋文明初入之時。毋須說明，這些金春磚瓦屋都被當作土牆倉庫般刷上漆，瞧不見原有的磚瓦風貌。每戶人家的屋簷以圓柱支撐向外延伸，時至今日，這些拱門下方不再是閒置空間，早已被家家戶戶恣意改造、破壞。想必當初建造磚瓦屋的建築師應該是希望整排房子高度一致，每戶人家皆是有圓柱支撐的半圓形屋簷，看起來仿似里沃利[9]的美麗街景。看來二、三十年前的風流才子面對南國風情的石柱與拱形屋簷，道地江戶風情的格子拉門與御神燈，肯定深知如何才能造就出不可思議的諧調感吧。

明治初年是個一方面審慎引進西歐文明，認真模仿西方綺麗精神的時代；另一方面，也是脫離德川幕府壓迫，保有江戶藝術殘花，覺醒後展現第

譯註｜9｜Rivoli，義大利的城鎮。

二春的時代。劇壇方面的佼佼者有芝翫[10]、彥三郎[11]、田之助[12]等。文壇方面則有默阿彌[13]、魯文[14]、柳北[15]等雅士；畫壇則有名聲響亮的曉齋[16]、芳年[17]引領風騷。相撲界則有前無古人，後無來者的境川[18]與陣幕[19]，圓朝[20]之後，再無圓朝。吉原比往昔的大江戶時代更為繁華，金平大黑[21]的三大名妓傳說成了人們茶餘飯後的話題。

兩國橋堪稱不朽浮世繪的背景，柳橋則是背負著不可動搖的傳說。每當我著眼於香豔含意，憶起新橋之名時，總是想起不比江戶時代遜色的繁華明治初期，當然，這番憧憬比實際景況更瑰麗、更精采。

世界上還有哪個國家的時間比日本快呢？有太多回想起來彷彿是另一個時代的往事。眺望日本唯一的新穎西式劇場「有樂座」，不過是這兩、三年的事。我們將新橋車站描寫成人們相聚分離、出發的場所，也僅僅是這四、五年的事。

譯註｜10｜1928-2011，中村芝翫，芝翫是歌舞伎的名號。
譯註｜11｜辻彥三郎，著有《藤原定家明月記的研究》。
譯註｜12｜本名澤村田之助，歌舞伎名號是紀伊國屋。
譯註｜13｜1816-1893，河竹默阿彌，活躍於江戶幕末到明治時代的歌舞伎狂言作家。
譯註｜14｜1829-1894，坦魯文，劇作家、記者。
譯註｜15｜1837-1884，成島柳北，江戶末期的文學家，也是明治時代相當活躍的記者。

如今，日吉町有法國的春天百貨，「銀座咖啡」也即將在尾張町的某處街角開張；還聽聞在年輕文學家之間頗負盛名的「Meizon 鴻之巢」咖啡廳，也將於近期內從小網町的河岸大街搬遷至銀座附近。其實直到去年，銀座都尚未出現像這樣適合休憩的場所，所以我要是與人相約等候，或是散步累了，想稍事歇息，抑或是純粹想看看來往人潮時，新橋車站的候車室是最好的選擇。

那時，銀座一帶已經有幾家咖啡廳與喫茶店、啤酒屋和閱報所等各類型的飲食店。然而，這些地方都不符合我的需求，因為依我的習慣，休憩一個鐘頭，和朋友好好閒聊的同時，必須大啖不少東西才行。好比在啤酒屋喝杯啤酒，至多不過十五分鐘，所以要在這種地方消費，就算喝不下去，一個鐘頭也要點上滿滿四杯，否則難以閒適久坐，只想匆匆離去。

相較之下，車站內的候車室反而是最自由、最舒適，可以盡情聊天，無須介意任何事的最佳咖啡廳。這裡沒有重聽、頭髮髒臭、愣頭愣腦的女服務生，也不必基於人情道義，非得點一杯啤酒或紅茶的麻煩，更沒有拿出一圓

譯註｜16｜1831-1889，河鍋曉齋，浮世繪師。
譯註｜17｜1839-1892，月岡芳年，浮世繪師。
譯註｜18｜1841-1887，境川浪右衛門，第十四代橫綱力士。
譯註｜19｜1829-1903，陣幕久五郎，第十二代橫綱力士。
譯註｜20｜1839-1900，三遊亭圓朝，落語家。
譯註｜21｜吉原的「大黑屋」，後來改名為「金瓶樓」。

紙鈔，還得等上五分鐘才能找錢的無奈感，而且進出時間隨興，沒有限制。當我感受到位於高台地區的書齋，那一股不時鞭策我要勤奮讀書，早點寫出精采文章的沉靜氛圍，或是手捧艱澀難懂的書時，我就會帶一本容易閱讀的書，坐在候車室的大皮椅上。這裡冬天有暖爐，晚上燈火通明，而且在這寬敞空間中，有來自各階層的男女，有時還能旁觀到別人波瀾人生的一小部分。亨利．波爾多[22]在某篇遊記的序文中，描寫有個男人將行李寄放在車站，投宿在聽得到火車汽笛聲的旅館，每天都在車站裡的小餐館解決三餐；這樣的他處於隨時都會出發的境遇，卻又懷著旅人心情，置身花都巴黎，徬徨於巴黎街頭。我怔怔地坐在新橋車站候車室，聽著腳踩木屐的急促腳步聲與尖銳汽笛聲，也會心生出外旅行般自由、寂寞、卻不失愉悅的心情。忘了何時，上田敏[23]教授曾對我說過，住在京都是一種旅行，投宿東京也是一種旅行，如此來來往往的過程也能成就好心情。

當自己身處各種生活動態的聲響中，為了保有寂寞心境，總是希望能多

譯註｜22｜1870-1963，Henri · Bordeaux，法國小說家。

譯註｜23｜1874-1916，評論家、詩人、翻譯家。

一些坐在車站候車室的機會。為了應付車站人員的詢問，只好買一張派不上用場的月台票或是前往品川的車票。

容我再強調一次，日本的十年相當於西方的一世紀。三十間堀的河岸大街只剩兩、三家往昔繁盛一時的船宿。每當我瞧見店頭的氣派拉門，就會想起母親曾說自己還是個小姑娘，要從這一帶前往猿若町看戲時，都會準備飯盒，搭乘豬牙船從眼前這條水道駛向另一條水道，如夢般的遙遠往事。想起自己初次前往深川一帶時，也是搭乘小蒸汽船從汐留的石橋出發，如今這一切成了只能回味的往事逸聞。

今後，銀座與銀座一帶也會日復一日，不斷改變吧。猶如盯著影片的孩子般，我想凝視不停變化的時事繪卷，直至眼睛痠疼。

明治四十四年（一九一一）七月

銀座與Café

◎輕知日

荷風與銀座的緣分極深。〈銀座〉這篇散文寫於一九一一（明治四十四）年，此時他已從海外歸國、擔任教職，但其實早在一九○○年，二十歲出頭的荷風，就曾入劇作家門下學習，而到銀座的歌舞伎座，從在舞台旁邊敲打木板、製造效果音的工作做起。

一九二六年，荷風開始頻繁出入銀座的新興店家「Café Tiger」。大正初期店名稱作「カフェー（Café）」的，原本是仿巴黎的社交場所。一九二三年關東大地震之後，從前的銀座逝去，新型態的「Café」陸續開業，請了許多美人女侍，反倒讓人醉翁之意不在酒了，「Café」成了風化場所。這當然吸引了荷風的注意，而這些女侍也成了他筆下許多小說的女主角。

對於銀座的迅速變化，總是在都市中緬懷昔日風情的荷風，並不因此排斥，反倒對銀座的新舊融合抱持肯定。依據《斷腸亭日乘》的紀錄，荷風最後拜訪銀座，是在一九五八年，也就是他去世前八個月。正如〈銀座〉這篇散文最後所說的：「今後，銀座與銀座一帶也會日復一日，不斷改變吧。猶如盯著影片的孩子般，我想凝視不停變化的時事繪卷，直到眼睛疲疼。」年輕時的劇作見習生、歸國後的教授身分、「Café」的常客，不同階段的荷風，帶著不同的心境，探尋不斷進化的銀座，並且用他的筆，為銀座留下了不同時期、不同風貌的痕跡。

◎「輕知日」專欄：王文萱 撰稿

寺島之記

隱身窗內的女人一聽到腳步聲，便喊道:「等等、等等，先生。」抑或是喊著：「等等、等等，戴眼鏡的大叔。」那一聲「等等、等等」的音調，聽起來十分奇妙。我二十歲時，在吉原的羅生門町、洲崎的私娼寮、還有淺草公園的隱密處，常常聽聞如此奇妙的呼喊聲，一點也沒變。

雷門雖說是門，卻沒有門。門於慶應元年燒毀後，並未重建。從沒有門的門前往吾妻橋方向稍微步行一段路，左側路邊立著公車站牌；淺草郵局前方，拐入窄巷的街角，堪稱人潮最擁擠的地方。

這裡有從龜戶、押上、玉井、堀切、鐘淵、四木，開往新宿、金町等地的公車停靠。

我駐足片刻，發現開往玉井的公車有兩種，一種是市營公車，另一種是京成公車，車子側邊均有標示。市營公車車身為藍色，京成則是黃色，兩種都有隨車女車掌，戴著臂章，站在路邊，頻頻用尖銳嗓音告知從雷門方向開來的公車開往何處。

某日夜晚，也或許是日頭剛落時，我在女車掌的引導下，搭上車身是黃色的京成公車。原以為從路旁人潮擁擠的情況看來，八成沒位子可坐，不料車上才七、八名乘客，公車便發車。

車上有兩個看來像是參加完活動，準備返家的女孩，以及頭戴大盤帽的學生；身穿白色雨衣，貌似工人的男子，以及一身碎白點花紋和服便裝，蓄著八字鬍，長相十足鄉土味，約莫四十來歲的男子；一位梳著猶如大丸髷[1]，另一位則是身穿方袖和服，貌似藝人的男子；還有一位看來像是醫師，戴著眼鏡的紳士，身旁坐著和服領口有些髒污，披著半纏[2]，應該是產婆的婦人。總之，都是些從赤阪到麹町一帶的電車上，極少見到的人物。

車子行經吾妻橋，駛進寬敞新道路，與開往向嶋的電車一前一後往北拐，行經源森橋。道路兩旁是成排商店，就在我心想已過了源森川，來到以往常去的小梅一帶時，車掌告知下一站是須崎町，詢問有無要下車的乘客。有人下車，卻無上人車，車子突然從電車道左拐，又隨即右拐，街道光景丕變，成了一條兩旁皆是料理店、茶屋的昏暗街道，不時傳來木屐聲與女人談笑聲。

車掌告知此站是弘福寺前時，梳著大丸髷，身穿和服的男子等，好幾個人一起下車，雖然我想瞧瞧剛竣工不久的弘福禪寺廳堂，無奈外頭天色昏暗，只瞧見茂密矮樹林。車子駛到河川旁的堤防，終於停在像是公園入口的地方。

譯註｜1｜江戶時代流行的一種婦女髮型。

譯註｜2｜一種日式輕羽棉外套。

我正想著這是哪裡的河堤時，車掌告知這站是大倉別邸前，這才明白已經過了長命寺。要是以往的話，可以俯瞰到須崎村的柳畠一帶，然而柳畠一帶像是別墅的氣派家門已不復見，河堤上也無半株櫻花；兩旁是櫛比鱗次的小房子，堤上架著木板橋，寫著日滿食堂的布簾隨風飄搖，屋內燈火分外通明，外頭卻瞧不見行人蹤影。

車子來到小松嶋的公車站，穿著雨衣的工人下車後，車內變得越發空蕩。下一站應該是地藏阪，以往要去百花園和入金的人們會從堤防的東側下去，記得路旁立著兩、三尊石地藏，如今一瞧，只剩供奉的紅白小旗幟立在那兒。看來就連時勢之力也無法阻擋淫祠[3]的昌旺香火。

從樹林縫隙間窺見位於前方右邊的神社屋頂，左邊則是映著搖曳燈火的黑暗河水，不待車掌告知，我曉得車子已來到白鬚橋邊。原以為公車會從橋邊朝東南方的寬敞新路駛去，沒想到並未拐至那方向，而是下了河堤，駛進迂迴狹窄的街巷。窄巷昏暗蜿蜒，穿梭於綿延並排的平房與小屋之間；但越

譯註｜3｜供奉邪門歪道之神的寺廟。

往前行，燈火越來越多，也從平房變成兩層樓房子，門面用混凝土打造的商店也增多，還望見前方閃爍的霓虹燈。

我突然想起大正二、三年（一九一三－一九一四）時，木造的白鬚橋甫竣工，要收過橋費的時候；位於隅田川與中川之間的一大片水田、房舍被逐漸掩埋，成了城鎮也是在那時的樣子，但尚未聽聞玉之井這城鎮名。那是大正八、九年（一九一九－一九二〇）時的事，亦即隨著淺草公園北側的深溝遭填平，進行道路拓寬工程，那一帶小巧嬌媚的民宅遭拆除時的事吧。當時凌雲閣附近依然殘存著幾棟小房子，無奈震災後燒毀殆盡，一片議論中迸出了玉之井這名稱。

女車掌突然高呼：「下一站是郵局前，郵局前。」我倏地回神，張望四周，右邊有一棟巍峨的灰色建築物，左邊則是一間立著寫有「大菩薩峠」旗幟的活動小屋，從兩旁燈火通明的店家收音機傳來歌聲。

有屋內掛著襯衫、圍裙的雜貨店、煎餅屋、玩具店、木屐店，或許是燈火尤其明亮的關係，似乎也有幾家藥店的樣子。

當車子駛過電車通行的鐵軌，車掌高喊：「劇場前！」我回頭看著閃耀的燈火與彩旗；挾於看板之間的「向嶋劇場」這幾個金色字體閃耀生輝，這裡果然也是活動小屋。剩下的兩、三名乘客皆在此下車，取而代之的是兩名揣著髒污包包，像是來自鄉下的四十幾歲婦人。

車子隨著女車掌一聲「All right!」繼續前行，行駛一會兒又停了。車掌一面喊：「玉之井車庫前」，一面用眼神向我示意。我詢問這班車開往哪兒，要付車資時，不害臊地拜託讓我在玉之井最熱鬧的地方下車。

我下了車，環顧四周，一樣是蜿蜒街道，不知要往哪兒走。果然食品店、雜貨店等店家中，夾雜著不少間藥店，還瞧見木屐店與水果店。

左邊有稱為玉之井館的演藝場，外頭立著兩、三面印有「浪花節語」[4]字眼的旗幟，一旁是兩側立著成排寫上「常夜燈」的燈，斜坡彼端是掛著南無妙法蓮華經紅燈籠的堂院，還有稱為滿願稻荷的祠堂，從法華堂傳來

譯註｜4｜以三弦伴奏的民間說唱，類似我國的鼓詞。

木魚聲。

我瞧見另一頭是車庫，在不甚寬廣的腹地一隅，矗立著幾棟屋內昏暗的兩層樓房子，門口聚集著轎夫，路旁還立著寫有「可通行。」[5]的燈。

我問了路，跨過地面的幾處積水，走過燈下，來到挾在房子與白鐵壁板之間，寬約三公尺的巷弄。右手邊無路可走，朝左手邊走了十步左右，便來到架在約一、兩間房間寬的溝渠上的橋。

橋的另一頭左側擺著上頭寫有「關東煮、溫酒　東屋」字樣的招牌燈，是一間用葦簾圍起來的居酒屋，飄來燒烤乾魷魚的香味。溝渠邊立著作為圍牆的板子與葦簾，放了一排栽植著常綠樹、大葉黃楊之類的盆栽。

走訪至此，尚未遇見任何人，瞧見木板圍牆的另一頭立著獻納旗幟，往那方向走，路突然岔為四個方向，瞧見四處都有一身西裝，頭戴呢帽的男人，還有穿著金釦制服的年輕男子走動著，之所以沒有想像中那麼熙來攘往，或許是才剛夜幕低垂的緣故。

譯註｜5｜雖說寫著「可通行」，但經過時，會有女人搭訕，暗指這裡是青樓的意思。

往前走了約莫十步，來到一處岔路轉角，又瞧見寫著「可通行。」的燈，於是往那兒走。這次一面走，一面回顧來時路，因為放眼望去都是造型一樣的民宅，一樣的巷弄，所以也搞不清楚自己走的到底是哪一條路。正覺得不知如何是好時，轉身一瞧，又是同樣的溝渠，排放一樣的盆栽；但仔細一瞧，確定絕非同一條路，巷弄兩側成排的兩層樓民宅，雖然外觀有幾分差異，但是湊近瞧，沒看見門牌號碼，所以外觀大同小異，每一戶都是在約莫三尺[6]的拉門旁，於適當高度開了一扇一尺四方形窗子；所謂適當高度，意思是路過巷弄的男人視線與窗內女人映照在燈火下的臉，保持適度距離。只要走近窗邊，稍微彎身，雖然不會瞧見女人的臉，但只要往前走，便能一眼瞧盡四、五間屋內女人的臉，肯定是誰發想的巧思。

隱身窗內的女人一聽到腳步聲，便喊道：「等等、等等，先生。」抑或是喊著：「等等、等等，戴眼鏡的大叔。」那一聲「等等、等等」的音調，聽起來十分奇妙。我二十歲時，在吉原的羅生門町、洲崎的私娼寮、還有淺

譯註｜6｜一尺相當於30.3公分。

草公園的隱密處，常常聽聞如此奇妙的呼喊聲，一點也沒變。有一種突然回到三、四十年前的心情，就連不流動的溝渠水，冒泡沉滯的模樣也令我憶起以往沒被黑水溝淹沒的吉原。

我的心情竟然因為這番追憶之情而有所波動，從兩旁窗戶傳來的呼喊聲，促使我的腳步變得急促，「先生，進來坐！」有人這麼喊，「進來坐一會兒嘛！」也有人這麼喊。瞧見屋內那張笑臉，有人雖然沒有說出口，卻露出清楚拒絕的表情，也有人只是沉默不語。

歡場女子多是穿著與咖啡廳女侍相似的和服，或是酒場女子常見的洋裝打扮，也有人梳著神似藝妓梳的島田[7]。不僅裝扮如此，容貌亦是東京市街四處都能見到的模樣，好比護士、幫傭、女傭、女侍、女車掌、女店員等，千篇一律都是從鄉下地方來到城市的年輕女子，亦即現代一般婦女的長相。雖然容貌也有各式種類，但幾乎都是一臉樸實木訥，總覺得她們都甘於命運與境遇似的，沒有那種讓人覺得恐怖的陰險神情，也沒有看起來神經質的表

譯註｜7｜藝妓梳的一種髮型。

情；在這裡看不到百貨店的吳服、配件廉售時，店員那種緊迫盯人的銳利眼神，也沒有沒能順利考上女校的女孩，那般失落的哀愁模樣。

在此聲明，我既非醫師，也非教育家，更沒有以現代文學家自居。如同三田派[8]某位評論家所言，我只是興趣低俗，人品低劣的一介無賴漢。因此之故，相較於知識份子階級的夫人與小姐的臉，窗內女人的臉反倒令我無法心生厭惡。

我就這樣被喚住，站在窗邊，在殷勤催促下，推開門入屋。

每一間屋子都開著兩扇窗，也有兩扇出入用的門，亦即一扇窗子與門裡頭，就有一名女子。窗子內側成了鏡子，牆面壁板較高處設了小小的神棚[9]，牆邊的另一個層架則擺著化妝品、明信片與人偶等，小花瓶裡插著一朵花。我想起一圓出租車[10]的窗子也會不時像這樣插上一朵花，看來這些人之間似乎有著共通情趣。

踏上玄關處的台階，前方是一扇用來隔間的拉門，掛著一面將紅色碎布

譯註｜8｜慶大文科創刊的文藝雜誌《三田文學》栽培出來的作家、詩人。

譯註｜9｜藝人、商家為了祈求生意興隆，通常會在店裡設置祭拜用的神明桌。

譯註｜10｜1924年於大阪興起以一日圓均一價，跑遍大街小巷的計程車，後來也流行至東京。

裁製成細繩，繩子前端綴著鈴鐺，像是布簾的東西。女人將拖鞋收攏擺好，招呼我入內，撥開作為門簾的細繩，引領我上二樓。我踩著梯子拾級而上，瞥見裡頭房間擺著矮櫃、小桌、梳妝鏡台、長火缽[11]，還有三味線，看起來絲毫不像窮苦人家，而且收拾得極為整潔。二樓有兩間三疊榻榻米大的房間，一間四疊半榻榻米的房間，約莫八疊、十疊大的客廳，擺著床、椅子、桌子，牆上貼著壁紙，窗子掛上窗簾，榻榻米上鋪著坐墊，天花板上的電燈還有裝飾，桌上除了菸灰缸之外，還放著一本名為*star*的雜誌。

女人從樓下端來蓋著黑漆杯蓋的茶碗，擱在桌上。我將啣著的紙菸在菸灰缸捻熄。

「今天純粹參觀，只能付點茶水費，還請見諒。」

我邊說，邊拿出小費。女人見狀，回道：

「不給也沒關係，如果只是喝杯茶的話。」

「那就先擱著，直到我下次再來吧！這家怎麼稱呼？」

譯註｜11｜帶抽屜的長方形火盆。

「高山。」
「這裡是寺嶋町，沒錯吧？」
「是的，這裡是七丁目呢！一部和二部都在七丁目唷！」
「什麼意思？一部和二部有何不同嗎？」
「一樣囉！但是啊，往修築中的路那邊走，還有四部和五部呢！」
「也有六部和七部嗎？」
「這倒沒有。」
「白天都在做什麼？」
「店是從四點開張，白天這裡很安靜，沒什麼生意上門囉！」
「沒公休日嗎？」
「一個月公休兩次唷！」
「多是去哪兒玩？應該是淺草吧！」
「是啊！常去看能劇[12]呢！不過，大抵還是在附近活動，反正都是一樣

譯註｜12｜日本傳統表演，屬於能樂的範疇之一。

的囉！」

「妳的老家是在北海道吧？」

「哎呀！怎麼知道的呀？老家在小樽。」

「聽得出來。來這邊很久了嗎？」

「今年春天才來這裡。」

「之前是在哪兒？」

「之前是在龜戶，因為家母病了，需要錢，才轉來這裡。」

「借了多少？」

「千圓，分四年還呢！」

「還有四年啊！辛苦了。」

「聽說還有人欠得更久呢！」

「是喔！」

因為樓下呼叫鈴響起，我從椅子上起身，一邊詢問最近的巴士站在哪兒，一邊下樓。

一步出外頭，人潮越發熙來攘往，「等等、等等」的呼喊聲猶似回音，從道路的四面八方傳來。高聳的安全道路告示燈底下，聚集著一群人，想說有人起爭執，原來不是。隨著弦樂器的樂聲，傳來流行曲；蜜豆屋店員將玻璃器皿端至窗口；水煮蛋、蘋果、香蕉等東西，堆放在手推車上，還有東西從後方塞上車。攤車和車子行經的地方似乎是別有洞天的繁華大街，我行經的這裡則是立著像是屏風的板子，避免面對面的兩戶人家，透過窗子瞧見彼此的隱私。

我沿著這條路往右拐，再往左拐，經過幾戶人家的屋簷下，信步其中時，又來到曾經走過的地方，「唷～就是那個偷吃的。」、「我認得他，就是剛才那位先生。」一聽到有人這麼說我。突然來到一片昏暗的寬敞道路，這才發現原來走到鐵路一帶，地上留有挖除枕木的痕跡，四處都是水窪。兩側立著木板圍牆，看來後方的人家果然是在打造同樣街景。

拆除鐵軌後的空地一片昏暗，瞧見另一頭稍遠處亮著來來去去的車燈。我想起方才喝茶暫歇時，那女人提及道路修繕一事，遂沿著木板圍牆前行。近年來，東京無論是市區還是市郊都開了不少筆直寬敞的道路，拜路邊成排的夜店門簾以及來往行人之賜，人行道可說熱鬧得寸步難行。除了從沿街的商店傳來唱機和廣播聲之外，還聽得到宣傳新開店的笛子與太鼓聲；飄散濃濃油臭味的攤販後頭，是成排等著載客人返家的一圓出租車。

忽然瞥見公車站牌，我駐足等待亮著紫燈的車子到來。上了車，才發現這時還不是返家時間，就算有人朝這兒走來，也沒人上車。我問車掌這車子開往何處，原來是行經雷門，繞至谷中，開往上野。

道路中央突然閃著紅燈，公車停下來；我瞧見前方有兩、三輛電車陸續橫過人行道，呼嘯而過。就在車子駛過平交道，城鎮驟然變得有些昏暗時，車掌喊了聲：「曳舟街！」這地名聽來如此令人懷念。我將額頭貼在玻璃車窗上，但就在連樹木、水池也沒見著的遺憾中，車子早已駛過市營電車終點站向島。之後，我和電車一前一後地過了吾妻橋，瞥見矗立於對岸，松屋屋頂上的時鐘，剛好九點⋯⋯。

昭和十一年（一九三六）四月

◎輕知日

玉之井

東京都墨田區，曾有名為「玉之井」的私娼街，從前林立許多私娼寮、酒店等聲色場所。一九三六（昭和十一）年三月開始，荷風多次造訪此處，四月隨即寫下了這篇隨筆〈寺島之記〉，後來還撰寫了以玉之井為背景的小說《濹東綺譚》。《斷腸亭日乘》當中，也有荷風仔細繪畫的玉之井周邊地圖，以及玉之井各處的寫生素描，他更於小說完成不久之後，帶著新買的相機，拍下了許多玉之井的珍貴照片。一九五八年起日本施行賣春防止法，玉之井的繁華樣貌漸漸消失了蹤影。

《濹東綺譚》故事中描寫的，是小說家大江匡與娼婦阿雪相遇、最終卻分別的故事。這篇小說當中有許多荷風的真實體驗紀錄，甚至連娼婦阿雪，也是以荷風實際上在玉之井遇到的女性為範本寫成。

附帶一提，〈寺島之記〉最前面提到淺草的著名地標「雷門雖說是門，卻沒有門。門於慶應元年燒毀後，並未重建」。現今我們所見到的雷門，其實是於一九六〇年，也就是荷風去世的隔年重建的。文章最後提到「過了吾妻橋，瞥見矗立於河的對岸，松屋屋頂上的時鐘」，當中的「松屋」，則是指位於淺草的松屋百貨分店，開業於一九三一（昭和六）年，底下就是現今的淺草車站（從前為「東武鐵道淺草雷門站」），也是荷風時常出入的地方。他在松屋購物、避雨、舉辦展覽，甚至數次在松屋樓頂上俯瞰市街景色，似乎很是喜愛。

帝國劇場的歌劇

在序曲的徐徐演奏中，我看著劇幕開啟，那瞬間經歷的奇妙心境著實複雜得難以言喻。觀眾的言語服裝與舞台上的世界迥異，毫無任何能夠融合之物。加上盛夏殘暑的悶熱氣候，越發讓我的奇妙感倍增。

哀愁詩人繆塞[1]的詩作，強調唯有音樂與美女能撫慰當青春的希望與活力消磨殆盡之時，也提及自己聽到年少聆賞過的優美婉轉歌曲時，不再心神蕩漾。

我之所以幾乎每晚都去帝國劇場聆賞歌劇，是為了回想自己二十多年前負笈西方求學時的點點滴滴。一如繆塞的詩作所言，歌劇對我而言，「是以往聆賞過的甜美、優雅之歌」；當時的我還是個二十七、八歲的青年，如今早已被衰老與疾病蹂躪所有希望與雄心壯志。二十年後的此時此刻，偶然於國內聽到以往無數個夜晚，曾在紐約、巴黎、還有里昂歌劇院裡聆賞的熟悉音樂，內心著實無限感慨。

回顧我國的歌劇初始，大正八年（一九一九）的九月秋天於帝國劇場首次演出。那時的我做夢都沒想到，竟能在此極東都市欣賞到歌劇這門西方藝術。我猜測以當時我國的演藝界情況而論，尤其財力方面，實在不可能邀請一團西方歌劇表演者來到遙遠的極東之地；因此初聞此事時，我的驚愕更甚

譯註｜1｜1810-1857，Alfred Louis Charles de Musset，法國作家、詩人。

看到報紙上關於歐洲戰亂的報導。

眾所周知，橫亙五年的歐洲戰亂帶給極東帝國莫大財富。因此，有幸邀請歌劇表演團體遠渡重洋來此，可說是戰禍帶給東亞的一種現象。當時以一介日本人在巴黎，獨自和法蘭西（法國）人買賣交易諸如莫內、羅丹等大師的作品，以及江戶浮世繪的收藏品；歌劇方面，透過帝國劇場負責人山本氏[2]的積極斡旋，讓西方藝術得以在國人面前表演；法蘭西近代的美術作品與江戶浮世繪，則是藉由松方氏[3]之力，傳入極東之地。日本藝術界在這兩位不遺餘力的推行下，得以目睹不曾見過的藝術名作，聆賞不曾聽聞的歌曲音樂。雖然不清楚當代藝術界如何蒙受薰陶，但是松方、山本兩位的名字應當永遠名留文化史。

大正八年的初秋，登上帝國劇場演出歌劇的表演團體是由流亡異鄉的露西亞（俄羅斯）人組成。露西亞對於生活在歐美城市裡的人們來說，是一方不可思議的國土，更何況我能在日本的東京，偶然聆賞到以露西亞語演唱的

譯註｜2｜山本久三郎，帝國劇場的負責人。
譯註｜3｜松方幸次郎，川崎造船所的社長。

歌曲。九月一日首演之夜演奏的曲目是義大利人威爾第[4]的四幕歌劇《阿依達》。在序曲的徐徐演奏中，我看著劇幕開啟，那瞬間經歷的奇妙心境著實複雜得難以言喻。觀眾的言語服裝與舞台上的世界迥異，毫無任何能夠融合之物。加上盛夏殘暑的悶熱氣候，越發讓我的奇妙感倍增。歌劇在歐洲通常是於最冷冽的冬季時節演出，因此之故，當我聆賞西洋音樂時，總會想起映照在深夜燈火下的雪中街景。

當夜觀賞歌劇的有些日本觀眾投宿市區旅館吧。有人身穿旅館提供的平袖浴衣，並未披上外褂，浴衣下擺還往上撩，露出小腿肚，還有殖民地常見的混血兒面孔。總之，來了許多風采容貌在歐洲絕對看不到的人。演出完畢，當我步出劇場時，從護城河畔傳來口琴聲與流行歌曲；我信步至日比谷的四辻一帶時，撲鼻而來的是公園公廁發出的惡臭；一回到家，客廳裡的豹腳蚊嗡鳴，從圍牆外傳來梆子聲，這一切讓我不得不思索，如果藝術的產生、發展與原本的濫觴地相去甚遠，依當地氣候、風土人情與種族的不同而有所改

譯註｜4｜1813-1901，義大利歌劇作曲家，代表作品有《茶花女》、《弄臣》等。

變時，那麼藝術產生的效益，或是稱為價值的東西又是什麼？換言之，讓人不得不試著思考該如何欣賞藝術，才算真正瞭解藝術。

那一年，露西亞歌劇演出至九月下旬，約莫為期一個月。這期間，我每夜不懈怠地前往聆賞，感覺首演之夜經歷的混亂感逐漸舒緩，也努力讓音樂誘發的幻想與周遭實況完全分離，彼此互不侵犯。

露西亞歌劇團於兩年後，亦即大正十年（一九二一）的秋天捲土重來，分別於東京的帝國劇場與有樂座演出。我初次聽到露西亞人用他們的母語演唱柴可夫斯基的歌劇作品《尤金．奧涅金》，即是在有樂座。一如前述，並非必須親赴露西亞，才能觀賞演出，身處歐洲多的是機會聆賞。我只希望演出舞台劇與歌劇的藝術家，其肉體與語言最好是與作者為同一種族，好比要想完美詮釋《卡門》[5]，非法國人莫屬，要想精采呈現《崔斯坦》[6]的話，非得是德國人不可。我在美國時，曾聆賞美國演員演出莫里哀[7]的歌劇，實在不甚喜歡，無非也是基於同樣理由。悲哀的是，我對於翻譯成日語的西洋戲

譯註｜5｜歌劇《卡門》是比才最偉大的作品，也是法國歌劇的代表作。

譯註｜6｜歌劇《崔斯坦與伊索德》是德國作曲家華格納的代表作之一。

譯註｜7｜1622-1673，Molière，法國戲劇作家、演員，也是劇作家。

曲，尤其是歌謠表演，尤其不感興趣。

如同前述，震災後，原本每年定期於帝國劇場公演的歌劇沒了。從首演到今年，轉眼已過了九個年頭。這期間，露西亞芭蕾舞團也曾來日本演出。九年的歲月絕非短暫時光，讓日本演藝界有足夠時間適應、接受西歐的歌劇與芭蕾，更何況帝國劇場以往曾招聘西洋歌劇人才，也曾設置歌劇部門，訓練相關人員。總之，日本的演藝界早已嘗試各種新運動，唯獨我還處在自以為別人都不知曉的境地吧。

今年三月，伊太利亞（義大利）歌劇於帝國劇場演出，四月亦迎來露西亞歌劇團，兩者皆為我非去捧場不可的表演，在此記上一筆。

昭和二年（一九二七）五月

荷風與歌劇

◎輕知日

位於東京丸之內地區的「帝國劇場」，於一九一一年開幕，不僅採用了文藝復興時期的建築風格樣式，是日本第一座西洋式劇場，還曾邀請許多歐美藝術家前來演出。當時打出的宣傳口號是：「今天看帝劇、明天逛三越（指三越百貨公司）」，一時蔚為流行。

喜愛音樂及戲劇的荷風，當然不會錯過國外藝術家前來日本演出的機會。其實他遠赴美法時，便時常觀賞歌劇及演奏會，熟知當時古典音樂的發展狀況，甚至寫作〈西洋音樂最近的傾向（西洋音楽最近の傾向）〉、〈歐洲歌劇的現狀（欧州歌劇の現状）〉、〈歐美的音樂會及歌劇劇場（欧米の音楽会とびオペラ劇場）〉、〈歌劇雜談（オペラ雑観）〉等許多文章，還在日本介紹德布西（Achille-Claude Debussy，一八六二—一九一八）、理查・史特勞斯（Richard Georg Strauss，一八六四—一九四九）等近代音樂家，對日本的西洋音樂史發展，有很大貢獻。

荷風對戲劇的理解，也促成了他書寫歌劇《葛飾情話》（一九三八、昭和十三年）。負責音樂的是對法國音樂造詣極深的新進作曲家菅原明朗（すがはらめいろう，Sugahara Meiro，一八九七—一九八八）。一九三八年《葛飾情話》上演時，一天演三場、連續十天，受到熱烈歡迎。荷風甚至曾經表示「我生涯當中最開心的事情，其一是在巴黎遇見了上田敏老師，其二便是《葛飾情話》的上演了。」由於這份成功，荷風原本計畫繼續書寫其他音樂電影作品，可惜戰爭逐漸擴大，未能如願。甚至因為空襲，所有的樂譜被燒失殆盡。直到近年，總算發現了當時的鋼琴伴奏樂譜，才用這份樂譜再現了樂團部分，讓這部夢幻歌劇，再度呈現在人們面前。

※關於《葛飾情話》的其他介紹可參照〈草紅葉〉一文專欄「荷風與淺草『歌劇館』」。

草紅葉

昭和時代的人們早已忘了大正時代的公園風貌。那時站在劇場館舞台上，接受來自觀眾喝采的表演者泰半是大地震後，來東京發展成功的鄉下人。如今，這時代的風華亦成了過眼雲煙。

因為我暫居東葛飾區較為邊陲之地，偶爾才會耳聞東京的二三事。我認識的人當中，因為戰火而殞命的人大抵住在淺草市區，也會參與公園活動的人。

就連逃過大正十二年那場大地震，沒被焚燬的觀世音御堂，這次也沒來由地化為灰燼，火勢之猛烈，三月九日那一夜亦不遑多讓，但似乎不及我在麻布高台一帶的家遭遇的那場大火。那一夜，因為我早早便處理完一些事，勉強還能抱持從容心情，看著自宅與藏書被燒毀的慘況，並與鄰居們閒聊至天明；幸好我連一根眉毛也沒被燒到，平安逃過一劫。當我們這些還能從容面對慘事的倖存者聽聞淺草那些死難者的事，當下實在難以接受，無奈事實就是事實，還是必須接受。一夜之間，那些身影從倖存者面前消失，即便過了一年多，再怎麼無法接受，唯一能確定的事，就是他們已不在世上。

記得那時有個總是將鐵錘插在黑衣的衣帶上，專門製作歌劇館舞台背景，年約五十歲的師傅。他的眼睛細細的，個子不算矮，一派身強體壯的老人家；

看起來不像是在淺草這塊土地上從事製作大道具這種工作的人，處事周到，談吐也非常沉穩。從事舞台方面工作的他，平日穿著也偏好與黑色工作服相近的和服，夏天是灰色短外套，冬天則是茶色角袖[1]外套，看起來就像誠懇正派的商人；頭頂禿了大半，但沒戴帽子，拖著屐帶似乎不會鬆脫的木屐，這應該是江戶子[2]的特殊習性吧。他總是比其他工作夥伴早一步趕回位於千束町的家，看他那樣子，似乎是滴酒不沾之人。

這位老人家有兩個女兒，妹妹在家幫忙母親經營什錦燒生意；姊姊那時芳齡已經二十二、三，藝名為榮子的她那幾年幾乎每天都在父親製作的道具前，和好幾位舞妓一起表演。

我和榮子熟稔起來是在昭和十三年的夏天，與作曲家S氏一起參與這座劇場的表演製作時。首演開幕時，我去了一趟後台休息室，因為那天是三社權現[3]的祭典當日，在二樓舞妓休息室等待出場表演的榮子在我面前攤開用包巾包著，外包竹皮的紅豆糯米飯，說道：「這是家母要我帶給先生的。」

譯註｜1｜方形袖子的男士和服款式。
譯註｜2｜原意是指德川幕府時代在江戶出生的人，也就是道地東京人的意思。
譯註｜3｜淺草大社是位於台東區淺草寺本堂右側的神社，通稱三社權現。

似乎很早之前便曉得前一晚排演結束後，首演當天我會來劇場一事。榮子的母親之所以這麼做，不單是為了謝謝我平日對她女兒的關照，也是自古以來的習慣，讓人見識到當地人想和外地人分享祭典歡愉氣氛的下町作風。對於平素無論何事，對於時代與人情變遷容易有所感觸的我而言，榮子的母親這份深厚心意令我無比歡喜，印象深刻。除了紅豆糯米飯之外，還用竹皮包了燉煮蓮藕，以及乾魷魚片，加了點砂糖以致於偏甜的口感，讓我品嘗到下町人喜好的道地口味，更加欣喜。從沒想過自己會在舞妓的後台休息室，跳著爵士旋律的舞步，享用三社祭[4]的紅豆糯米飯。

舞妓榮子與家人住在不分晝夜都聽得到用唱片播放流行歌，有著熱鬧商店街的千束町還要朝北直走，一條看得到燈火通明的吉原遊廓[5]就在盡頭的巷弄。某晚，排練至夜深的我走在回家路上，突然想吃點東西，想起榮子曾說過有家營業至深夜的餐館。於是，榮子邀約住在附近的兩、三位舞妓姊妹，帶我去位於吉原的角町，稻本屋對面小巷裡一家叫做「堇」的茶泡飯店。我

譯註｜4｜淺草大社於每年五月舉行的盛大祭典。
譯註｜5｜江戶時代規模最大的風化區。

們從水道尻那一頭走進煙花柳巷；一行人前往角町的路上，經過仲町時，與兩位從引手茶屋[6]走出來的藝妓擦肩而過，其中一位藝妓與榮子對看一眼，用眼神示意後便離去；感覺彼此似乎有些尷尬，也像是有什麼事不方便當場啟齒。我們走到角町街角時，我問了方才那位藝妓的事，榮子說她是富士前小學的同班同學，某家引手茶屋店主的女兒；言談中感覺得出榮子認為藝妓的地位在她們這一行，也就是比身為舞妓的她來得高。因著此事，我得知榮子是在遊廓附近的陋巷裡長大，也確定周遭人是以近似尊敬的心情看待廓內女人們。這個從江戶時代留下的古老傳統直到昭和十三、四年的這一天依舊不滅，還真是個意外發現，遇見不可思議的事實。然而，這個傳統也在三月九日這天夜晚成了一種過往，全然灰飛煙滅吧。

這天深夜，我在吉原所見所聞之事，不少都是迄今依舊記得之事。

「堇」這家店是以中央的土間[7]為區隔，左右是鋪著榻榻米，可以坐下來吃喝的地方。就在榮子她們交相吃著汁粉[8]、雜煮[9]、餛飩等料理時，記得

譯註｜6｜位於風化區的茶屋。
譯註｜7｜水泥地的房間。
譯註｜8｜紅豆年糕湯。
譯註｜9｜以年糕為主，以醬油或味噌為湯底的傳統日本料理。

有位客人從掛著布簾的入口進來落坐後，點了酒和酒菜。這名身形高大的男子約莫五十好幾，頭髮剃得整齊，碎花短外褂下是一件碎花窄袖便服，下襬撩起，穿著一件藏青色股引[10]，腳套白足袋，足蹬雪馱[11]，領子微敞，懷裡露出一截紙角，一派現在到哪兒都不太容易見到的風采。即便是歌舞伎表演場的後台休息室，從明治末期就沒見著有人這副裝扮。雖然我不太認識仲町一帶的藝者，但猜想他八成是某位著名師傅的幫間[12]。

只見男人不時微笑偷瞄舞妓們談笑、吃東西的模樣，一邊靜靜地倒酒獨酌。舞妓們的洋裝與化妝方式非但沒讓他心生不快，反倒讓同樣上了年紀的我與他有所共鳴，只見我們的視線不時對上時，感覺到彼此都強忍笑意；想來這位老幫間和我一樣，將都會人對於世俗風情變遷的好奇心與哀愁，深埋心中。

布簾外的女郎屋[13]門口燈火已滅，無論是妓夫的聲音，還是女人的聲音，抑或是往來尋芳客的腳步聲都消失了。廓中一片靜寂，也沒聽到出租車呼嘯

譯註｜10｜紡綢質地的綁帶褲。
譯註｜11｜一種男用木屐。
譯註｜12｜在宴席上從旁協助藝者、舞妓表演的工作人員。
譯註｜13｜又稱遊女屋，亦即青樓妓院。

而過。才剛慶幸過了午夜這般靜謐，附近小巷又傳來長久以來早已聽慣的新內語[14]，頓時有種穿越時代，將這一帶拉回往昔世間的錯覺。從剃頭、穿著股引的幫間那副閒適樣，看得出來他是舊時代傳統的受惠者，讓我面對這種從事傳統行業的人們，心生些許羨慕與嫉妒。

也許這位剃著平頭的老人家也因為三月九日那場火災，與遊廓一同化為灰燼。

聽聞那夜一起在「董」打牙祭的其中一位舞妓，不久便離開淺草，去了名古屋，另一人則是去了札幌。謠傳榮子後來幸福地嫁作人婦，不再住在廓裡的小巷弄。我由衷祈禱榮子與她父母並未去到另一個世界，而是留在娑婆世界。

除了製作大道具的師傅一家人，作曲家 S 氏和我在淺草製作歌劇「葛飾情話」[15]時，為此劇演奏鋼琴的人也死於這場火災，他就住在從淺草公園往田原町方向的狹窄巷弄裡。還有製作觀眾送給自己偏愛的藝人，像是彩球、

譯註｜14｜又稱新內節，屬於淨琉璃的一個流派，特別盛行於花街柳巷。
譯註｜15｜永井荷風寫的劇本，於昭和十三年公演。

花環等禮物的花藝師住在入谷，也死於三月九日那夜的火災；聽說他和老婆、女兒早在住家燒毀時，便逃到大街上，但為了多拿一些家當出來，進屋之後就出不來了。

淺草公園究竟何時才能重拾往昔繁華呢？或許如同觀音堂很難再回復成一立齋廣重[16]的名所繪[17]裡的舊時風貌。

昭和十二年，我和劇場館[18]與常盤座[19]的工作人員開始熟稔起來，那時知道大地震前的公園風貌與凌雲閣[20]的人，可說屈指可數。昭和時代的人們早已忘了大正時代的公園風貌。那時站在劇場館舞台上，接受來自觀眾喝采的表演者泰半是大地震後，來東京發展成功的鄉下人。如今，這時代的風華亦成了過眼雲煙。重返太平時代後，以模仿爵士出名的明星盡是從未見過上了朱漆的觀音堂的藝人，不免令人感嘆時代如流水般不斷變化，人在生命尚未走至盡頭就早被遺忘；一想到此事，便覺得活著也是一種寂寞，甚至與死無異吧。

譯註｜16｜1797-1858，歌川廣重，江戶時代的浮世繪師。

譯註｜17｜描繪日本各地名勝古蹟的畫。

譯註｜18｜1909-1944，日本的電影館兼劇場。

譯註｜19｜1887-1984，東京淺草公園六區的第一間日本電影館兼劇場。根岸濱吉於此設立根岸興行部，因為根岸是常盤出身，所以命名為常盤座。

譯註｜20｜1890-1923，位於淺草公園的樓高十二層的紅磚瓦建築物，毀於關東大地震。

劇場館的後台休息室門口，坐著一位長年看守後台澡堂的老伯。三月九日那夜，他究竟是死是活，即便日後我和別人聊起劇場館那時的事，也沒人提起那位老伯，因為早在他在世時，便是別人眼中可有可無的存在。

* * *

那時聽舞妓們說，老伯有家室，就住在馬道那一帶，家中二樓還出租以貼補房租。他老婆的年紀並不大，還是個氣質不差、個頭嬌小的婦女，在上野廣小路的某間電影院當帶位員。老伯總是用布手巾纏頭，在後腦勺打個結，所以休息室裡沒人知曉他是禿子還是滿頭白髮；四肢瘦削的他戴著眼鏡，一張皺紋多又鬆垮的臉，看起來應該超過六十歲，而且無論盛暑寒冬，都是襯衫搭配長褲的裝扮。雖然沒人想知道，也沒人想打探他的私事，但因為他的長相並非窮兇極惡，看起來亦非地痞流氓之輩，所以說不定曾是個正派商人。

劇場館的澡堂就位於休息室門口旁，出入之人總是會站在門口閒聊；有人趕去別處表演，有人剛從地方表演完回來，有人要找在裡頭工作的人，也有人倚著出入口的門或牆壁，熱絡交談；每當時節入夏，不少人便會搬來舞台用的椅子，不分晝夜地坐在門口談笑；老伯倒是很少加入話局，看慣年輕人與舞妓們之間打鬧嘻笑的他，倒也沒露出什麼無趣表情瞅著他們。

天候一轉寒，老伯便端出火盆，挨著牆面，躺在狹窄通道上擺放木屐的層架下方打盹，絲毫不理會往來行人的目光。

記得是某年花開時節的時候吧。我瞧見老伯仔細削著不知從哪兒弄來的削竹[21]，製作鳥籠；如同鎮上的理髮師會弄個魚缸養金魚，燈籠店老闆會做個箱庭[22]擺在店頭，老伯似乎也有這麼個興趣。從老伯的談吐與行事風格，看得出他是土生土長的下町人；縱使如此，我從未見過他的笑容。或許人在落魄、窮困潦倒時，隨著年歲越長，最先忘卻就是笑這回事吧。

隨著戰事拉長，瓦斯、焦炭也匱乏，後台休息室的澡堂不再使用後，不

譯註｜21｜前端被削得斜斜的竹子。
譯註｜22｜小小的盒子裡放些小擺飾，做出名勝庭園的迷你造景。

久老伯便遭解僱。休息室門口那單薄身影消失後，換了一位阿婆拿著前端斷掉的掃帚做著清掃工作。

*　*　*

一晃眼，又即將迎接戰後的第二回秋天。去年是在岡山的西郊迎接秋來，在熱海送走秋末，今年我是在下總葛飾的田園，聽著每日的呼嘯風聲，驚訝光陰飛逝。雖然在岡山那時覺得秋日漫長，但其實不滿百日；熱海的陽春暖和，猶如一場明快愉悅的白日夢。

因為曾經失去家園，漂泊之地的每一處風景無法不在內心深處播下回憶的種子。每當離去時，我總是有種類似「昨夜共眠，今朝離別」的悲傷，一面期待重遊舊地，一面前往別處。然而，往往只能等待偶然機會才能將期待付諸實行。

八幡町的梨園已經採收完，明亮陽光從葡萄棚架灑落，玉米的莖節傾倒，一望無際的黃澄澄稻田。不知何時，我還能再次聽聞棲息於妙林寺松山的鷹鳴呢？此時，備中總社町的人們肯定前往後山採磨菇，不但感嘆秋晴之日的短暫，還用流經三門町的河水洗東西，八成冷到刺骨吧。

隨著日積月累的等待心情，醞釀出如同鄉愁的哀愁，再也沒有比鄉愁這般情緒更美的東西，令我始終無法忘懷的巴黎天空亦成了一種情緒。

雖然巴黎再次遭逢戰亂，卻依然無恙地存在著。春天一到，里拉斯的花也飄散出香氣吧。無奈我的出生地東京，這座孤島城市卻幾乎灰飛煙滅。鄉愁這玩意也稱為思慕之情，那麼再次見到不可能見到的東西，這般心情也能稱為思慕之情嗎？

昭和二十一年（一九四六）十月 草

荷風與淺草「歌劇館」

◎輕知日

位於淺草的劇場「歌劇館（オペラ館）」，對荷風來說，別具意義。歌劇館自一九〇九（明治四十二）年開館，一九四四（昭和十九）年關館，主要提供電影上映及劇場演出。從前荷風也偶爾造訪淺草，但頻繁造訪是在一九三七（昭和十二）年之後的事了，目標便是這棟歌劇館。對西洋音樂造詣極深的荷風，原本就對寫作歌劇抱有憧憬，自從造訪歌劇館，加上認識了作曲家菅原明朗（すがはらめいろう，Sugahara Meiro，一八九七—一九八八），促成了他寫作歌劇劇本《葛飾情話》（一九三八）。

其實自明治時代後期起，日本就開始演出歌劇，特別是大正時代在淺草上演的「淺草歌劇（淺草オペラ）」，受到許多民眾喜愛。但當時所謂歌劇，大多是翻譯自國外的作品，或是拿現有的流行音樂搭配劇本來演出。進入昭和時代之後，人們生活逐漸西化，音樂也出現了不少和洋融合的例子。同時熟習精通西洋古典音樂、與日本傳統音樂的荷風，認為此時時機成熟，由日本人所創作的正式歌劇，應該能夠被人們所接受了。果不其然，以西洋歌劇形式演出日本庶民故事的《葛飾情話》，在淺草歌劇館上演，造成轟動。一九四四（昭和十九）年三月三十一日，正值戰爭，歌劇館被強制拆除。荷風在《斷腸亭日乘》當中記錄，演出最後一天，他在後台看到藝人們哭泣的樣子，離開之後，也禁不住傷感，暗自落下了淚水。

※關於《葛飾情話》的其他介紹可參照〈帝國劇場的歌劇〉一文專欄「荷風與歌劇」。

深川散步趣

東森下町迄今還有一間名為「長慶寺」的禪寺。震災前，境內以立有芭蕉翁的句碑，以及大盜賊日本左衛門的墓而廣為人知。當時，從電車上還望得見立於巷弄盡頭的樓門。寺院裡的墓地與六間堀的內河岸之間，蓋了一排雜亂無章的平房長屋，崎嶇難行的小巷縱橫穿梭其間。

我的老友在中洲河畔開設醫院的事，早已於當時我在《中央公論》連載的雜記中提及。雖然這家醫院後來遷移至橫跨於箱崎川上的土洲橋旁，但因為與中洲相去不遠，所以每次我去那裡看診時，回家路上仍舊會行過清洲橋，散步至深川一帶；有時甚至散步至日落時分，才驚覺時候不早，趕搭電車返家。我還住在高台地區，多是山坡路的地方時，有時看到淺草川，就會莫名地想過橋到對岸瞧瞧；尤其在看似快下雨的日子，眺望被晚霞沁染的河川，越發激起散步的興致。

連接中洲與清住町一帶的清洲橋，是一座開通於昭和三年春天的鐵橋。這座橋迄今除了公車通行之外，電車並未行經橋上，往來行人亦不算多。我站在橋中央遠眺，河流緩緩地朝西南方蜿蜒流去，南邊有永代橋，北邊是新大橋橫跨的一條河川，四周景致盡收眼底。回頭一望，西邊是中洲的河岸，還看得到箱崎川的河口；東邊是深川的河岸，遙遠的下游一帶是橫越油堀口的下之橋；附近還有橫跨於仙台堀的上之橋；倘若能望得更遠，還能瞧見橫亙於小名木川河口的萬年橋。因為這幾條運河上雲集著各式各樣的貨船，促使這裡成了眺望市區河流風光中，最能感受到活力，且最為豐富精采的絕佳位置吧。

某日，我一如往常從中洲的河岸行經清洲橋時，忽然想起另一頭的萬年橋一帶，還留有芭蕉庵的舊址與柾木稻荷神社，不曉得震災後變得如何，遂決定尋訪。下了清洲橋後，瞧見淺野水泥工廠那高聳到有些可怕的建築物與煙囪，災後依然矗立於原處；朝反方向前行，觸目所及是一整排沒有窗子的平房倉庫，一條小路蜿蜒穿梭倉庫之間；除了身穿洋服，足履草鞋的洋人邊抽著菸捲，邊漫步其中之外，幾乎瞧不見其他人，隱約傳來聚集在屋頂上的鴿子叫聲。

沿著這條僻靜巷道前行一、二町[1]，過了萬年橋，來到河岸北邊一處朝河川突出的地方，因為同樣矗立著成排平房倉庫與貧窮人家的民宅，不但遮住了河川景致，也促使窄巷看起來更為狹窄。我見到位於濕地路旁，以神社

譯註｜1｜舊時所用的距離單位，一町約為一百零九公尺。

模樣保存下來的芭蕉庵遺址；這條路的盡頭則是聳立著柾木神社祠堂的新造石鳥居。縱使東京的生活再怎麼忙碌，傳統風流雅士之跡依舊殘存，令人甚感詫異。

繞過鳥居前面的小路，沿著河川的岸邊漫步，便會來到出租汽船的碼頭；再往前走一會兒，便來到橫跨六間堀，一座名為猿子橋的老舊木造橋。我拄著杖，駐足橋上遠眺；挾著濁水的兩側河岸是成排鐵皮屋頂的兩層樓老舊民宅，掛在窗上的破舊布簾隨風翻飛。即便到了現今昭和時代，依舊保留著明治時期，河上架著幾座陡峭木造小橋的舊貌。此外，這般一如往昔的骯髒景象也勾起二十年前，我和故友Ａ氏不時尋訪這一帶的古剎遺跡；還有，再早個十年吧。我剛成為落語家的入門弟子時，經常出入這一帶的演藝場，或是登上常盤亭的高座等，諸如此類的種種回憶。

稱為六間堀的這條溝渠，是從萬年橋一帶筆直流向北邊的本所豎川；途中分出的支流，一路朝東邊流經彌勒寺附近的外堀，穿過富川町與東元町的陋巷，再次與小名木川會流。自從下谷的三味線堀遭掩埋後，綜觀市內的水渠，再也沒有像六間堀這般晦暗、污濁的河川了。我的故友A氏，約莫從明治四十二年開始，便一直住在六間堀沿岸的東森下町巷弄裡的一棟長屋，足足落腳三、四年之久。

東森下町迄今還有一間名為「長慶寺」的禪寺。震災前，境內以立有芭蕉翁的句碑，以及大盜賊日本左衛門[2]的墓而廣為人知。當時，從電車上還望得見立於巷弄盡頭的樓門。寺院裡的墓地與六間堀的內河岸之間，蓋了一排雜亂無章的平房長屋，崎嶇難行的小巷縱橫穿梭其間。住在長屋的人們稱這處地方為「大久保長屋」，亦稱「湯灌場大久保」[3]；也稱巷弄中比較寬敞一點的巷子為「馬背新道」，這是因為道路中央較為隆起，兩側民宅的地勢較低的緣故，因此譬喻成馬背。倘若走不慣這種路，木屐帶八成會斷。此處還保存著明治維新[4]之前，擁有五千石的旗本大久保豐後守的宅邸，面對六間堀的東側後方，則是留有於明治末期便已頹圮的武家長屋。此外，還有一

譯註｜2｜1719-1747，江戶中期的浪人，也是大盜賊。歌舞伎的「白波五人男」其中一角「日本駄衛右門」便是以其為藍本。

譯註｜3｜湯灌場是指寺院內闢一間用來進行湯灌儀式的小屋，所謂湯灌，就是替往生者的大體進行梳洗、著裝的儀式。

譯註｜4｜十九世紀中後期，由維新志士建立的新政府，確立日本天皇制度與新的行政體系。

座稱為大久保橋的小橋，可由這一帶通往堀向的林町三丁目。

這些事都是那時聽A氏提及，後來我查了《武鑑》[5]，得知嘉永三年左右，大久保豐後守忠恕，當上幕府的大目附[6]。直至明治八、九年左右，東京的地圖一直與江戶時代的東京地圖，差異不大，也才知曉大久保氏的宅邸座落此處。

我曾與籾山庭後[7]君一起編輯《文明》這本月刊雜誌；當時，A氏以「深川夜烏」這別號，寫了一篇敘述大久保長屋史事的文章。今日，細讀其中一篇章節，內容如下：

「湯灌場大久保的民宅遺跡。為何稱為湯灌場大久保呢？那是因為長慶寺的湯灌場，與大久保的民宅比鄰的緣故。走進窄巷，右邊有五間長屋，第二間是阿久的家，亦即我寄宿的地方。阿久原本是下谷的藝妓，辭退後，打理我的日常起居足足兩年，後來我們締結良緣，相偕作伴。右邊鄰居是製作電話按鈕的工匠，左邊鄰居則是白鐵工匠。白鐵工匠的老婆因為丈夫賺得不

譯註｜5｜江戶時代出版的一本年鑑，記述江戶幕府官員的身家資料。

譯註｜6｜江戶幕府時代，諸藩的職稱之一，又稱為大監察。

譯註｜7｜1878-1958，籾山梓月，本名籾山仁三郎，著名俳人，也是俳書堂、籾山書店的店主。

多，家中又有五個嗷嗷待哺的幼子，所以打理家務之餘，還得兼做打掃煙囪的差事。大腹便便的她想到家裡又多了一張嘴，難免憂慮生計問題，遂冒著可能會流產的危險，盡是做些不適合孕婦的行為；不是直接坐在木板地，就是鬧水災時，還挺著大肚子在淹到大腿的泥水中走來走去，幸好後來順利產下白胖男丁。

我家只有兩個房間，分別是二疊與四疊半大小。四疊半大的房間擺著長火缽、兩個櫃子與桌子。小小的屋子裡，住著我和阿久、岳母與阿久的姊姊。締結良緣當日，我還宴請十位朋友來家中熱鬧一番。

檐廊擺著坐墊，四疊半房間裡鋪著毛毯，正中央擺上餐桌；岳母與姊姊將長火缽搬到廚房後，便回到廚房。房間與廚房之間掛上葭戶[8]以作區隔，阿久從二疊大的房間端來酒與燉煮物。（略）」

看著A氏書寫當日情形的文章，讓我想起那一天，主人家端出兩升醇酒，鹽味蠶豆搭配醃漬胡瓜的下酒菜，還有以山葵代替葫蘆乾的海苔卷。友人還

譯註｜8｜以蘆葦編織而成的門簾。

訂了盒裝甜點，分送給長屋的鄰居們；只見他一臉認真地逐一登門拜訪，懇切請託：「請多照顧我兄弟。」後來，長屋的鄰居們合送一大盤壽司作為回禮，並買了宣紙，合寫一封表達祝賀之意的賀詞。宴席上，阿久彈奏三味線，有人吟唱落魄武士的故事；阿久則是吟唱「十六夜清心」。眾人端出各自的拿手絕活，餘興節目一直喧鬧至十一點。這是明治四十三年六月九日的事。

因為這時代顯少有工匠職人會在電車上閱報，所以社會主義的宣揚影響尚未遍及深川的長屋群。竹格子窗上擺著牽牛花盆栽，還有人家在窗子掛上風鈴；這裡的左鄰右舍，長屋的人們大抵是在東京郊區土生土長的在地人，從小習慣這個充滿迷信與前世因果論的世界；他們總認為穿著洋服、留鬍子的人，若非巡查，就是像救世軍[9]這樣的身分，完全是另一個世界、階級之人；當然，也認為那些人的言語風俗，與他們大相逕庭。

我對於夜烏子這般潛居湯灌場大久保，隱於巷弄的長屋裡，不求在文壇呼風喚雨，一心倘佯於自己喜愛的俳諧之道，著實由衷尊敬傳承江戶傳統俳

譯註｜9｜The Salvation Army，遍布世界一百二十八國，以傳播教義、救世濟人為宗旨的基督教團體。

人氣質，堪稱真正俳人的他。A氏起初學的是漢文，考取東京帝國大學那一年，卻因病中輟；幾年後，亦即明治三十五、六年左右，他受僱於某間專門出版各校招生簡章、授課講義的書店，月俸不到二十日圓，卻十年如一日的從事校對出版品的工作。不僅俳句，也寫得一手好文章，別人雖常勸說他出書，A氏卻從來不以此為志。我與他受僱於同一間書店的期間，開始跟著夜烏子學習創作俳句。幾年後，機會突然降臨，我成了俳句雜誌的發行人。夜烏子看到我編輯的這本雜誌，只是淡淡一笑；後來我向他邀稿，他不但爽快允諾，還不拿任何稿酬。

雖然夜烏子的老家在高台地區，但他不喜歡那種無意義的表面矯飾，總認為比起為了圖個虛名，暗地裡盡做些齷齪事的人，生活在長屋裡的貧民生活可是廉潔、自由自在多了。因此，他寧可選擇隱身於此，度過病痛纏身又失意的一生。某天，看到他在日記中，描述帶著一家人去郊區小劇場看戲的片段，字裡行間透露著夜烏子的人生觀，以及那時代的風俗民情，內容如下：

「明治四十四年二月五日。今日為了要去深山座看戲，所以早點下班返家。製本屋的阿神姊與阿久先行出發，我則是晚了三十分鐘才搭上電車。當電車行至靈岸町的某間小雜貨店門前時，車上有個看似來自鄉下的十八、九歲女孩突然攤開手上的包袱，結果我最好的一件外出服就這麼被胭脂水粉給潑得整件都是，我頓時怔住。一旁看起來應該是女孩兄長的士兵始終沉默，另外一位看起來應該是女孩父親的老人家倒是頻頻道歉。只見女孩低著頭，一臉羞愧地下車，害我連開口斥罵都來不及，只能以一場無妄之災收場。車上其他乘客頻頻對我表示同情之意，也斥責女孩與同伴的敷衍態度。雖然也被波及，邊蹙眉，邊擦拭膝蓋的老婆婆，以及足袋前端遭弄髒的工匠也很無辜，但最倒楣的人是我。我在黑江町下車，與先到的兩人會合。我將剛才發生的事告訴阿久，只見她邊笑說這是我讓別人先行，自己落個輕鬆的懲罰，一邊露出很傷神的表情，煩惱著該如何處理這件被弄髒的外褂。幸好阿神姊的小姑家在離這裡不遠的八幡樣，於是她拿著我的外褂去小姑家大略清洗一番[10]；我則是耐著寒氣，坐在公園裡等待。我們走進劇場，挑了前方的平土間落坐。出方[11]是個名叫新次郎的男人，和阿久的交情很好。第一場戲是「酒井的太鼓」，由榮升飾演左衛門、雷藏飾演善三郎與家康、蝶昇飾演茶坊主與馬場、高麗三郎飾演鳥居、芝三松飾演梅枝。髒污的道具、演員中途忘詞、還有表演時，不時傳來幫大道具上釘的聲音等，影響演出的噪音，還有其他讓人實在難以忍受的情況，還真是一家三流小劇場。觀眾席不時傳出幼子的哭聲，再不然就是出方扯著嗓門，斥責隨意起身、走動的觀眾。擔綱中幕[12]「河庄」的主要演員有，芝三松飾演小春、雷藏飾演治兵衛、高麗三郎飾演孫右衛門、蝶昇的善六飾演榮升的太兵衛。蝶昇也擔綱第二場戲「河內山」[13]的演出，這場戲由雷藏飾演松江侯與三千歲、高麗三郎飾演直侍等，負責彈奏清元[14]的是位年輕女子，技巧實在笨拙得可笑，聽得藝名為「延九代」的阿久也毫不留情地批評。整齣戲在捕物[15]一幕劃下句點。我們吃著阿神姊帶來的幸壽司，所以沒有另外買吃食；結賬時，連同小費一共付了二圓二十三錢。

譯註｜10｜歌舞劇伎場能瞧見舞台正面的觀眾席。

譯註｜11｜相撲、茶屋劇場等場所，負責接待觀眾、打雜的男人。

譯註｜12｜幕末至昭和初期的歌舞伎中，介於第一場狂言與第二場狂言之間演出的狂言。

譯註｜13｜河內山與直侍，別稱「三幅對上野風景」。

譯註｜14｜一種三味線音樂，淨琉璃的一種。

譯註｜15｜逮捕犯人的意思。

我們在劇場門口與阿神姊道別，返家途中又與阿久一起去蕎麥屋填飽肚子。兩人回到東森下町的家時，剛好是午夜十二點。」

震災後，因為深川座所在地一帶的道路景況幡然一變，雖然記得劇場舊址應該是在活動館或是公有市場附近；但漫步其中時，我還是偶爾會搞不清楚。

我記得黑江橋應該是位於現在的黑龜橋附近，亦即以往的閻魔堂橋一帶。然而，寺院的殿堂皆已煥然一新，附近交通也變得過於壅塞，因此這一帶的街景既沒有吸引人的公共建設，也失去讓人沉醉於往昔回憶的魅力。

我曾和明治座的演出人員一起前往位於電車站附近的心行寺，去掃鶴屋南北[16]的墓，也曾從那裡走到不遠處的油堀下游，尋訪三角宅邸的遺址；想想，已是十多年前的事了。（三角宅邸不是宅邸的遺址，而是水渠圍繞的城鎮的一部分成為三角形的意思，因此得名）。

今日的深川是從西邊的大川河岸一帶，到東邊的砂町為止的廣闊貧瘠之地。遭遇火劫的荒地上除了雜草之外，觸目所及沒有任何綠意。震災後開闢

譯註｜16｜1755-1829，活躍於江戶後期的歌舞伎狂言的作者，鶴屋南北雖是襲名，但一般是指第四代。

的寬廣筆直道路，與從以往便流淌的幾條運河，縱橫貫穿建於這片無垠焦土上的臨時建築物與簡陋的茅舍之間，若說這裡是深川，這幅景象也夠令人無限感慨。

災後新闢的柏油大道是從黑龜橋，貫穿冬木町，沿著仙台堀闢成的福砂大街。此外，從清洲橋往東，與小名木川並行，橫渡中川的這條路則稱為清砂大街；這兩條均為由西向東，橫過深川一帶的新闢道路。另有三條縱貫南北，電車不通行的新街道。這些新街道每一條都是路面寬廣到促使兩旁人家顯得矮小，隨處可見荒涼空地，青空一望無垠；映入眼簾的除了浮雲之外，只有遠處懸著的吊橋鋼骨與瓦斯儲氣槽；瞧不見鷹與烏鴉飛過的身影，只聽聞遠處工廠發出猶如風聲般的沉鈍聲響。即便正午時分，路上也幾乎瞧不見半個行人；瞥見偶爾疾駛而過的公車上，坐著一臉睡意的女車掌。我望著被晚霞染紅的雲朵、欣賞著皎潔明月，抑或是沉思默想，隨意漫步時，總覺得再也沒有比這條更令人舒暢的散步道了。從此我每次有事前往下町，返家前總會散步到這條離深川熱鬧地方有些距離的砂町新街道。

某日，我散步時忽然想起紀堯姆．阿波利奈爾[17]的一篇小說〈坐著的女人〉。描述一名鄉下青年前往花都巴黎發展，如願成為藝術家；後來他回到被炸彈摧毀的故里，沒想到原本平靜的鄉下村落，竟然成了物質文明匯集的嶄新城鎮，內心萌生哀愁之情的同時，也感受到一縷希望。這篇是深刻敘述隨著時勢變遷，審美觀也隨之改變的一章。

災後的東京市貌急遽復興，幡然一變。當我見到鋪上柏油的新道路，迎向新時代的深川時，不得不提醒自己是該有所覺悟，拋卻舊時代的審美觀。

木場町還留有往昔的渠道，我瞧見堆得如山高，標上西洋文字符號的美國松樹時，想起今日不知是誰說過這地方「宛如伏見的桃花」。耳畔響著汽船疾駛的聲響，卻沒人想起被說是「橋墩上開了菜花」的碼頭；看來以往一路從八幡宮後頭流至和倉町的油堀沿岸有碼頭一事，也只能在夢中回想了。

雖然冬木町的弁天社遺址就位於新街道的路旁，但如今又有幾個人曉得

譯註｜17｜1880-1918，Guillaume Apollinaire，法國詩人，超現實主義的先驅。

這裡有座刻著：「月色皎潔，多想重返不問金錢名利之時啊！（名月や銭金いはぬ世が恋ひし）」—知十翁[18]的俳句碑呢？（順道一提，雖然冬木町的名稱也曾遭廢止，但因為當地居民不捨這名稱，加上考據學家島田筑波調查舊記後，印製成小冊子刊行散布，極力護名，冬木町得以逃過改名之禍）

經過冬木弁天前面，走在望不見盡頭的福砂大街，然後沿著仙台堀往前直走，便來到大橫川的河岸。仙台堀與大橫川這兩條河流的交會處，有個引入運河水的大型貯材池，河上交錯著好幾座水泥造的大大小小新橋。來到這一帶，運河水變得清澈，也沒那麼多貨船往來，行經橋上的卡車亦不多；無論是水路還是陸路，觸目所及盡是木材與鐵管。深刻感受到從河川方向吹來一陣帶著木材香的涼風，來到深川這處以往稱為六萬坪的地方，沒想到空氣竟然出奇新鮮。

當我走過崎川橋這座新造的水泥橋時，瞧見對面有兩棵燒得如炭一般黑的枯樹以橋為背景，從只長著些許蘆葦的水邊朝天際聳立；那是震災時，慘

譯註｜18｜1860-1932，本名岡野知十，活躍於明治～昭和初期的俳人。

遭燒毀的銀杏還是古松樹呢？因為這兩棵龐然枯樹，讓單調的運河景致突然添了些活力；於此同時，也感覺由朦朧了彼方天空的工廠建築物所構成的背景，暗示著此處構築著黯淡新時代的藍圖。瞧見水泥橋上有個應該是看守木材倉庫的守衛，身穿洋服、一臉窮酸相的男人和背著嬰孩的年輕女人並肩走著。當我正想著那腳步聲與身影會隨著映照在水面上的橋影，悄悄地朝這兒走來時，忽然從遠處的工廠傳來傍晚時分鳴響的汽笛聲……。不知為何，我突然很想聆賞我很喜歡的作曲家，古斯塔夫·夏龐蒂埃[19]創作的歌劇。

水泥大道橫越大橫川之後，朝東邊延伸，橫跨十間川，直衝砂町的荒地。一如砂町是離深川繁華地有段距離的寂寥城鎮，看來我也要在自己喜歡的蒹葭[20]之間尋求寂寞了。要是有機會的話，我想寫篇砂町之記。

甲戌十一月記

譯註｜19｜1860-1956，Gustave Charpentier，法國作曲家，歌劇《露薏絲》是其成名作。
譯註｜20｜兩者都是生長於水邊的草。

◎輕知日

荷風與深川

深川，位於現今東京都江東區。正如荷風在文章開頭所提到的，為了到友人在中洲開的醫院看病，他總是走過「清洲橋」——這是在一九二八（昭和三）年建設完成，跨越隅田川連接日本橋中洲、以及江東區清澄的大橋——散步深川。

除了造訪醫院之外，荷風的老友井上啞啞（いのうえああ，Inoue Aa，本名井上精一，小說家、俳人，一八七八－一九二三），也就是文章中所提的 A 氏，曾居住深川數年，並於一九二三年逝世。荷風尊敬這位自中學時期便相識的老友，啞啞的逝去，也許也是荷風時常散步深川的原因之一。此外，荷風與深川還有其他緣分。二十初頭的荷風，曾拜落語家第六代朝寢坊夢樂（あさねぼうむらく，Asanebo Muraku，一八五九－一九〇七）為師，甚至曾在深川名為「常盤座」的寄席（落語等技藝的演出場地）登台演出。但據說後來被家人發現，而被強行帶回家。

新大橋、清洲橋、永代橋……荷風用許多「橋」貫穿了這篇文章。對位於隅田川東邊的深川而言，「橋」的確是不可或缺的角色。

荷風一向喜愛東京各處的水景，正如他曾在《日和下馱》當中提到的：「水自江戶時代延續至今，是東京為保美觀最珍貴之要素」。而深川的水景與橋梁，更交雜著他對舊友、對年輕時期的記憶，近百年後的今天仍滾滾而流，生生不息。

輯二

念念不忘，舊時回憶

傳通院

我記得自己還是六、七歲時，曾目睹從芝的增上寺調派至傳通院擔任住持的老僧，乘著結有紫繩的長柄轎子，在成群淌著隨喜之淚，哽咽不已的善男信女，以及好幾位僧侶的護行下，通過那道門的光景。

我們無論如何都忘不了生於塵世的吉光片羽。

倘若這裡是熱鬧的市中心，縱然蘊含無限光榮的淚水模糊我們的雙眼，亦會堅守代表一國繁榮的偉大背景吧。若是身處窮鄉僻壤，我們抱持無限懷想的同時，也會感受到悲傷與愛憐。

當時間每前進一瞬間，便會多一分追憶的甜美；對於位在都市北方的小石川丘陵，我的愛戀思念一年比一年深沉。

直到十二、三歲時，我不曾離開自己出身的這座丘陵。那時的我不明白因何原由，父親賣掉位於小石川的家，舉家在飯田町租屋，後來日清戰爭[1]爆發，我們又遷居至一番町，買下現在居住的大久保這塊地。

後來，我因事從飯田町或是一番町、大久保的家，經過小石川高台；當時不滿二十歲，還是個學生的我，內心深處總會湧起像是讀了世事無常的中國歷史般寂寞、悲傷，一切彷如夢境的心情。尤其經過自己呱呱墜地時的舊宅門前，視線越過那熟悉、密密麻麻的樹枝，窺見宅子屋頂時，一想到原本

譯註｜1｜亦稱甲午戰爭，爆發於 1894 年。

掛著寫有父親名字的門牌換成陌生人的名字，再也無法踏進舊宅一步，便索性胡亂塗畫那堵牆，也想尋覓窗子下方的金魚池；想起幼時的一切回憶痕跡，讓我越發憎惡入住宅子的新主人。

我住的時候，這座宅子已經相當老舊，得知新主人入住不久後，便連門牆都整修；換言之，我的幼時回憶痕跡已從這塵世灰飛煙滅……。

＊　＊　＊

寺院號稱是規模龐大的藝術製作，以偉大的力量令其所在地產生無可撼動的某種特色，好比巴黎有聖母院，淺草有觀音堂。同樣的，我的出身地小石川（至少在我心目中）也有傳通院能讓小石川這處區域與其他城鎮有所分別。在往昔江戶時代，傳通院與芝的增上寺、上野的寬永寺，並稱大江戶的三大靈山。

由地勢看來，古剎傳通院位於稱為小石川高台的最高處，亦即中心點。小石川高台位於源自關口瀑布的江戶川沖刷的南邊山麓，循著從水道盡頭往上的幾條陡坡，便來到傳通院。東側緊鄰與本鄉對望的富坂，北邊可遠眺冰川的森林，往下走可至極樂水，西側是一片綿延丘陵，從以鐘聲聞名的目白台，可來到因為「忠臣藏」而聞名遐邇的高田馬場。

我幼時的幸福回憶一如這裡的地勢，亦是以古剎傳通院為中心，繞著周遭打轉。

諸位能夠想像當我聽聞傳通院遭燒毀時，心情有多麼絕望嗎？記得那是我返國後不久的事，十一月的陰沉寒冷日。我突然想起小石川的回憶，午後獨自尋訪多年不見的傳通院。雖然附近的街景變化得令人陌生，但古寺境內的模樣一如往昔。我瞧見本堂那幾十扇不知補修幾回的舊紙門寂寥並列於欄杆早已腐朽的走廊，那光景迄今仍歷歷在目。這是多麼不可思議的緣分啊！那天夜晚，從追憶散步中歸來的我累得睡著，本堂在夢中全然灰飛煙滅。

我記得芝的增上寺也是在那時燒毀。

約莫半年後，還是一年後，因為那時我沒有寫日記，所以記得不是很清楚。某天，我又去小石川散步，瞧見含著濕氣的沉悶晚風吹翻生於石縫的雜草。

總之，偌大的建築物不見了。境內猶如荒野般遼闊，沉悶晚風笑說世事無常般，得意洋洋地四處呼嘯。從燒得焦黑的枯杉之間，瞧見一直被本堂遮住，隱身於後方的墳墓。家康公[2]母親的墓，還有某知名上人的墓……幼時不知聽老者提過多少回……這些身分尊貴的墳墓如今立於荒煙蔓草中，從傾圮土牆長出灌木與茂密芒草，不時還能聽到爬滿傾倒石門的野生爬牆虎被無情晚風吹得輕輕作響，飄散難以言喻的寂寥感。

僅剩傳說中水戶黃門[3]斬犬的寺門倖免於難，但矗立於後方的背景，亦即本堂卻不在了。只留下有許多美麗曲折雕刻的屋頂，孤伶伶地佇立於陰沉天空下，那模樣看起來反倒有一種未能殉難的遺憾與悲傷。門前立著竹欄杆，

譯註｜2｜1543-1616，德川家康創建幕藩體制，建立統治日本二百四十六年的江戶幕府。
譯註｜3｜1628-1701，水戶黃門是以水戶藩第二任藩主德川光圀作為主人公，描述他漫遊日本各地的民間故事。

排列著為重建本堂捐款者的嶄新木牌，聽聞不久後，便會拿捐款重建本堂，若是重建成猶如基督教教堂的洋風建築……啊啊，這該說是何種進步呢？

我記得自己還是六、七歲時，曾目睹從芝的增上寺調派至傳通院擔任住持的老僧，乘著結有紫繩的長柄轎子，在成群淌著隨喜之淚，哽咽不已的善男信女，以及好幾位僧侶的護行下，通過那道門的光景。在現今崇尚民主主義與實證主義的趨勢下，越發抹殺殘存的美麗歷史色彩，只能留待落伍詩人的夢中。

* * *

安藤坂已被剷平，富坂的避火地亦蓋起出租屋，徒留兩、三棵樹木憑弔舊時回憶。保住水戶藩邸的最後身影；砲兵工廠的大紅後門不知被拆卸至何處，陳舊的蓋瓦土牆改建成紅磚瓦牆，如同描述御家騷動[4]的繪本，水門已

譯註｜4｜江戶時代藩侯家族內部的紛爭。

不復在。

表町大街上的成排店家大抵是新開店，有以往這一帶絕對看不到的西洋雜貨店、西點店、洋食餐廳、洋風文具店、雜誌店等，種類多到驚人，就連絲線舖與和服店的店頭商品也幡然一變。

以往揣著印有流派家紋的柿子色包袱，從六尺町小巷前往學藝的姑娘身影，如今在哪兒才能見著？

何處才能聽聞頭戴草笠，來自久堅町的鳥追三味線[5]呢？只嘆時代變遷。以往洗髮後在髮上插著黃楊木梳子的年輕工匠之妻，掀開寫著松之湯或小町湯的布簾步出錢湯。如今市街角落總能見到一群身形略顯臃腫的女學生發出帶著鄉音的讚嘆聲，目送電影宣傳廣告的隊伍。

如今又有誰知曉在那樣的時代，偏僻的小石川高台曾出了一位讓當地居民引以為傲的舞踊名人坂東美津江[6]呢？還有因為違背師訓，於演藝場彈曲的三味線名人常磐津金藏[7]，兩位令人津津樂道的名人皆是出身小石川呢？

譯註｜5｜是指頭戴草笠，手持三味線，四處遊走賣唱的女子。

譯註｜6｜1809-1907年，原名為坂東三津江，江戶末期的知名日本舞踊家。

譯註｜7｜常磐津是一種三味線音樂，這裡指的常磐津金藏應是暗指常盤律女流音曲師，寶集家金之助。

現今某些評論家或許認為我之所以熱愛藝術，是因為遊訪過巴黎，其實我之所以熱愛巴黎的藝術，從中得到熱情（passion）與狂熱（enthousiasme）等根本力量，就像法國人對於莎拉．伯恩哈特[8]，義大利人對於愛蓮諾拉．朵司[9]的喜愛。我深受當時年輕人崇拜坂東美津江與常磐津金藏的滿腔熱情，而催生「哥澤節」[10]等江戶末期唯美主義的影響，培養我吟味二十世紀象徵主義的藝術涵養。

＊　＊　＊

比起黃昏還要昏暗的入梅午後，牛天神林蔭下，繡球花初綻時，秋日向晚時分，烏鴉騷啼於澤藏稻荷神社的樸樹上，落葉即將凋零時，我拄著杖，散步至傳通院，坐在門外大黑天的台階上稍事歇息。我撫摸一直供奉於堂內的賓頭盧尊者像，幼時在故鄉小石川經常看見，時常聽別人提起的那些人，

譯註｜8｜1844-1923，Sarah Bernhardt，法國知名女演員。
譯註｜9｜1899-1983，Eleonora Duse，義大利舞台劇女演員。
譯註｜10｜江戶時期的一種民間曲子，分為寅派（歌澤派）與芝派（哥澤派）。

如今又如何呢？我不禁回想往事。

其實除了母親與奶娘曾告訴我，關於桃太郎與花開爺爺的故事以外，最初啟發我的浪漫思緒的事物，便是總會於大黑天神廟會時，表演傀儡戲與說書的兩位老伯。

當然，我不知他們的來歷，但自我出生後初次曉得有廟會這檔事，直到我離開小石川，即便歷經無數個寒暑，出現在油燈下的那兩張老人家面容始終不變。因此，或許在同樣也是甲子夜的今晚，他們也會在同一處地方現身吧。

演出傀儡戲的老伯是個有眼疾，總是一副頹喪樣的老者。他像盲者在唱悲歌似的，一面打著拍子，唱道：「本鄉駒込吉祥寺賣菜的阿七，戀上小廝吉三……」一面拉動綁在繪板上的細繩來操縱木偶；說書的老伯則是牙齒脫落，眼神凶惡，一臉窮兇惡極樣。看他們像是來自遙遠異鄉，總是裹著綁腿，衣服塞進褲腰的整齊打扮，夜歸時用的弓形燈籠掛在低繫於腰間的真田三尺帶[11]底邊。只見遊逛廟會的人三三兩兩地朝這兒聚集後，叼著菸管，蹲在路邊的老爺

譯註｜11｜工匠職人繫於腰間的一種棉質織帶。

爺起身，點燃油燈，一面環視周遭圍觀的人，一面將手上的扇子耍得啪啪作響，用鼻子吸了兩三下菸後，大聲朝地上吐痰，隨即以極為低沉沙啞的嗓音說書，嗓門也越發高亢。

「……傳來女人『哎呀』一聲慘叫，只見從賭場歸來，三本木的松五郎喝得爛醉，搖搖晃晃地走向漆黑松樹林……」

每當故事迫近高潮，老伯便話鋒一轉，扯些不相干的事，意味著要向圍觀的群眾討賞錢。觀眾自然也非省油的燈，早在老伯將半開扇子伸向自己的鼻尖前，便陸續逃之夭夭。只見老伯朝來不及開溜的人，嚴詞厲色地數落：「那些傢伙以為別人甭吃飯也能活，是吧？真是一群吃乾抹淨，說逃就逃的混蛋！」這番隨機應變的狠話總是惹得在場眾人呵笑。老爺爺瞧見無辜孩子往前擠時，又開口斥罵，然後覺得自己很可笑似地朝地上吐痰。

廟會一事亦讓我憶起另一個人，那就是住在富坂下蒟蒻閻魔神社附近的一名盲眼女藝人，瞧她彈奏三味線的模樣，似乎是為了藉此乞討而倉促學藝。

長得高頭大馬的她約莫十五、六歲，坐在點著油燈的草蓆上，一整晚都在彈奏荒腔走板的「數數歌」。因為那模樣著實可笑，過往人們大抵會停下腳步投點賞錢。後來盲眼女藝人因為拜名師習藝，兩、三年後已能彈奏〈春雨〉、〈春日梅〉等曲子，某日卻再也不見其身影。我家女傭不知從何處聽聞這檔事，謠傳她雖然眼睛看不見，卻和人私通，還懷了身孕。

同樣也是廟會當晚的事，有個男人以表演單人相撲來乞錢；一人不但分飾名為兩國的西力士，以及稱為小柳的東力士，連裁判一角亦不假手他人。只見他輪流扮演東西力士，最後整個人赤身裸體摔滾倒地。無奈不一會兒，警察便來制止這場裸體演出，從此便沒再見他現身廟會。

金剛寺坂有個名叫笛熊的木工師傅，娶了梳髮師為妻，後來改行去雜耍團吹笛；按摩師休齋並非盲眼人，卻患有夜盲症，一心想學三味線的他，卻因為心性不定，習不好藝；這樣的他也想當個為人暖場的落語藝人，卻苦無機會，遂走上按摩師這條路。其實從其經歷看來，也算是個能唱能說的有才之人。

般若阿留是個背上刺著般若鬼面的年輕木匠，總是紮個大髮髻，月代[12]剃得一派乾淨，著實是個美男子。雖說當時不乏紮髮髻之人，但大抵以年逾四十的老者居多，因此之故，般若阿留猶如音羽屋[13]扮演的六三與佐七，讓我能藉以緬懷往昔名師巨匠的最後風華面貌，實是沒齒難忘的恩人。

服侍過水戶藩的木匠兒子，迷上一名在澡堂工作，好似從白浪屋[14]走出來，鄰近皆知的舊時浪蕩女。一想到臉上塗抹白粉的女子坐在保有江戶時代建築遺風的澡堂二樓，總愛與入浴中的男人打情罵俏，如此充滿江戶末期的妖豔時代風情，就連經常出現在西洋畫中，美女成群沐浴嬉鬧的歡樂情景亦遜色不少。

* * *

看來小石川隨著東京全市的發展，不消數年將幡然一變吧。

譯註｜12｜江戶時代以前日本成年男子的髮型，也就是從前額到頭頂剃光的部分。
譯註｜13｜歌舞伎演員的屋號。
譯註｜14｜歌舞伎的一齣劇目，描述主角是個盜賊的故事。

猶記初次讀完從六尺橫町的租書店借來的木板印刷書《八犬傳》[15]時；還有帶給當時年幼的我，內心感動到難以言喻的冰川奔流與大塚之森，或許不久之後也將被抹消。我最後尋訪位於茗荷谷一帶的曲亭馬琴[16]之墓，也已是十四、五年前的事……。

明治四十三年（一九一〇）七月

譯註｜15｜原名「南種里見八犬傳」，作者為江戶時代後期的曲亭馬琴（瀧澤馬琴）。
譯註｜16｜1767-1848，江戶時代後期的作者，代表作為《南種里見八犬傳》。

◎輕知日

荷風故鄉小石川

小石川，舊時稱東京市小石川區，位於現今的東京都文京區西半部。荷風一八七九（明治十二年）年出生於小石川，至他十三歲為止，除中間有三年居住於母親娘家、一年因為父親工作關係而住在官舍之外，他在小石川度過了九年的幼年時光。

荷風搬離小石川之後，也時常回來探訪，並且在許多作品當中描寫了小石川的變化。〈傳通院〉描繪的，便是位於小石川的佛教淨土宗寺院，這裡同時也是德川將軍家代代祭祀祖先的寺院。傳通院離荷風出生地不遠，荷風寫道：「巴黎有聖母院，（中略）我的出身地小石川也有傳通院」，可見其在荷風心目中的地位。荷風一九〇八（明治四十一）年自歐美歸國，睽違數年造訪傳通院，沒想到當晚，寺院本堂便遭大火燒毀。這篇隨筆寫於一九一〇（明治四十三）年，當中記載的便是在那場大火前後，荷風造訪傳通寺的心境。

更令人噓唏的是，二戰時的空襲，將小石川一帶夷為平地，傳通院也幾乎被大火燒失殆盡。現今的傳通院，已是戰後重建的樣貌了。小石川的舊日風情，只遺留在荷風筆下了吧。

夏之町

比起吐著黑煙的紅磚瓦製造廠，愛情小說的文章更為有趣美麗；或許為了遙遠日後能留下什麼強烈印象吧。即便是十年、十五年後的今日，每每聽到神似竹屋、橋場、今戶等地名的發音，我還是會突然暫別現在，任憑思緒馳騁在比自己出生年代還要久遠的時代。

枇杷的果實成熟，百合花早已凋零，白晝蚊蟲嗡鳴的樹蔭下，就連盛開的各種顏色繡球花也已枯萎。當梅雨季一過，盆芝居[1]、千秋樂（相撲、戲劇等表演的最後一天演出）的演出迫近時，任誰都會避暑、返鄉，於是炎炎酷暑的明快寂寞占領都市。

然而我從孩提時代，但凡每年的七、八月多是哪兒都不去，留在東京消磨時光。最主要的理由是，因為道地東京出身的我，沒有家鄉故里可回；第二個理由則是，雙親照例會帶全家去逗子或箱根度假，但我從那時便對文學、音樂深感興趣，中學時期更是必須在雙親的眼皮子底下，耽溺於不正當的娛樂，也就總是以看家為由，留在東京。因此之故，三夏[2]可說是一段逃離雙親監視，無上幸福的時光。我清楚記得中學畢業前一年的事，因為我將家人去逗子半個月的那段時間所發生的事，足足寫了兩帖[3]半紙[4]，迄今還存放在我的小匣子最底處。我模仿、剽竊成島柳北[5]以假名交雜的文體，穿插漢詩的七言絕句，並於自敘的主角名字下方，綴個遊子或小史[6]等字眼，描述

譯註｜1｜「盆」就是將劇場的地板切割出一方圓形，做為迴轉用的舞台。盆芝居是江戶時代，每年於陰曆七月十五開始的戲曲演出。

譯註｜2｜也就是初夏、仲夏、晚夏的意思。

譯註｜3｜帖是計算紙張的單位，四十八張為一帖，半紙二十張為一帖。

譯註｜4｜一種日本和紙。

譯註｜5｜1837-1884，江戶末期的文學家、儒學家、記者。

譯註｜6｜作家用於自己的筆名、雅號之下。

不幸多病的才子捨棄都會繁華，獨居海邊的茅屋，過著聆聽松濤的哀愁生活，帶點稚嫩的筆調，揶揄諷刺的口吻；通篇題名為「紅蓼白蘋綠」，因此穿插這麼一首絕句。

已見秋風上白蘋，
青衫又污馬蹄塵，
月明今夜消魂客，
昨日紅樓爛醉人。

年來多病感前因，
舊恨纏綿夢不真，
今夜水樓先得月，
清光遍照善愁人。

今日重讀此文，不禁噴飯。年僅十四、五歲的少年竟然寫出「昨日紅樓爛醉人」的詞句，如此文字遊戲也夠令人驚訝，不是嗎？然而，近日閱讀堪稱十九世紀最坦白正直的詩人保爾．魏爾倫[7]的自傳：

Les sanglots longs
Des violons
De l'automne……

如同「秋日胡弓[8]的幽長抽咽啜泣」，他最著名的「La chanson d'automne」（秋之歌）中的一篇，堪稱是清高派詩人魏爾倫的最幸福時代之作，從他的傳記可知當時他的妻子、友人皆有固定工作。再看此句「憶起往日之事而哭泣」，或是較為不顯眼的這句「我們就像四處徬徨的落葉」，無不表露詩人的智力遊戲（Jenx d'esprit）。當然，我無意將自己與風靡一世的大詩人相提並論，只是

譯註｜7｜1844-1896，Paul Marie Verlaine，法國象徵派詩人，以處女作《憂鬱詩篇》聲名鵲起。

譯註｜8｜日本的一種傳統擦弦樂器。

覺得自己竟然和晚年創作充滿智慧（sagesse）的懺悔之詩，一代詩人有著相同心境，深感不可思議。

我回想每年在東京度過暑假的那段時光，至今依舊耿耿於懷、深感不快的事，便是七、八月這兩個月被送至大川端的水練場[9]。

時至今日，倘若有人問我大川的水流哪一處最淺，哪一處最深，還有漲潮、退潮時的水流在哪一帶最湍急，我能逐一詳細說明可說是拜當時經驗之賜。

午後夕幕落下，依稀還能聽見遠去的雷鳴餘韻，瞭望雪白龐然的雲峰一面被夕陽染紅，水神之森浮現彼方時，我試著佇立於吾妻橋的欄杆旁，看著溯河而上、順流而下的往來船隻。船隻大抵是沿著右岸的淺草，操控船槳；因為淺草的河岸一帶為淺灘，漲潮時的水流多少會變緩的緣故；然而漲潮時，若是從位於中洲河邊的兩層樓房往下看，下行船隻大多是朝反方向，也就是靠左側的深川本所河岸航行，這是為了避開從大川口那兒直朝日本橋一帶猛

譯註｜9｜學習或練習游泳的地方，相當於現在的游泳池。

颳的強風，也因為這陣強風，溺水浮屍勢必會隨著風與晚潮漂流至中洲一帶的河岸。

我的泳技是在神傳流[10]的練習場學會的。靠近本所御船藏[11]的淺灘上，每年都會搭建神傳流的練習場。淺灘上蘆葦叢生，原本退潮或是下雨天，本所一帶的窮人家婦女便會來此挖蛤蜊，如今因為築起石牆，成了海浦新生地。隨著水練場移至濱町河原文岸，我們的神傳流小屋亦遷移他處，也不曾再見到淺灘上的茂密蘆葦叢。

一旦取得泳術合格證明後，便能完全脫離教練的監督，於是我和夥伴一早便來到蘆葦叢中的練習場，脫去衣服，只穿貼身衣物般的泳衣，隨著潮汐流向，往上游至向島，往下游至田地一帶，累了便爬上河堤邊的石牆上稍事歇息，或是像狗兒般在岸邊走來踱去。

我們時常穿著泳衣跑去真砂座[12]站著看戲。結果在永代橋上遭巡警喝住盤問，一票人不僅朝著巡警口出各種難聽字眼，還挑釁地嚷著：「要抓就抓

譯註｜10｜日本的一門游泳技巧流派。

譯註｜11｜幕府時代保管存放船艦的倉庫。

譯註｜12｜明治時代，位於日本橋清洲橋大道附近的著名劇場，現已拆除，立了個遺跡紀念碑。

譯註｜13｜一種日式船，又稱茶船，在河川與港灣運送貨物用的小船。

啊！」然後四、五個人跨過橋上欄杆，倒栽蔥地跳進河裡，等了四、五分鐘才浮出水面，一起放聲大笑、吵吵嚷嚷。

即使到了無法游泳，也不宜裸體走在河畔的時節，除了待在中學教室之外，泰半時間我都是和喜歡游泳的朋友划船。

我們當然是划小船，但因為至少要四、五個人才能划，而且一旦眾槳齊划，就算再怎麼累也不能任意停手，所以愛偷懶又任性的傢伙都會選可以輕鬆操控的荷足舟[13]。那時，不少人也將小船叫做「bateira」[14]。要是向淺草橋的野田屋與築地的丁字屋租借小船，「bateira」與荷足舟一天的租借費差異頗大。

除了週末假日，放學後我們總是抱著書包衝去划船，藏前的水門、本所的百本杭[15]、代地[16]的料理屋旁的棧橋[17]、位於橋場的別墅石牆，或是小松島的鐘淵、綾瀨川等地的茂密蘆葦叢中划船，有時還會討論代數、幾何學作業。

此外，我們也曾好幾次親眼目睹課本提及的實景「梅曆」[18]、小三金五郎[19]描

譯註｜14｜葡萄牙語。明治26年大阪順慶町的壽司店以神似小船的器皿裝盛壽司並取名為「bateira」。

譯註｜15｜位於東京都墨田區，現為遺跡，百本杭的意思就是百根木樁。

譯註｜16｜江戶幕府時代，政府強制徵收的土地。

譯註｜17｜意即碼頭，作為船隻運送貨物、船舶停靠之用。

譯註｜18｜看見梅花綻放，便知春天到來的意思。

譯註｜19｜歌舞伎、淨琉璃的標題。作者為曲山人，江戶後期的劇作家。

述景色之文的樂趣。

青春年少時代的種種體驗讓我這輩子就算承受多少激烈新思潮的衝擊，恐怕也無法拋離江戶文學，忘懷隅田川的自然美景。

鐘淵的紡織公司與帝國大學存放船艇的倉庫，是我還不熟悉隅田川之前便建造的場所，雖然這些新勢力日復一日的除去河堤、田地、河邊與茂密的蘆葦叢，卻奪不走我內心的種種體驗。比起吐著黑煙的紅磚瓦製造廠，愛情小說的文章更為有趣美麗；或許為了遙遠日後能留下什麼強烈印象吧。即便是十年、十五年後的今日，每每聽到神似竹屋、橋場、今戶等地名的發音，我還是會突然暫別現在，任憑思緒馳騁在比自己出生年代還要久遠的時代。

就算再怎麼深受自然主義[20]理論的影響，我還是無法以這樣的想法看待現在的隅田川；不過，自然主義時代的法國文學倒是豐富了我對於隅田川的幻想；莫泊桑在短篇作品中，描寫乘船賞遊塞納河沿途美景的文章，讓人不

譯註｜20｜十九世紀末以法國為中心，興起的一種文學運動，主張觀察事實，描繪真實，否定一切美化。

譯註｜21｜十九世紀法國作家愛德蒙・德・龔古爾，與他的弟弟朱爾・德・龔古爾，兩人對於法國自然主義小說、社會史與藝術評論皆有莫大貢獻。

譯註｜22｜1840-1902，Émile François Zola，十九世紀法國自然主義文學家，代表作為《萌芽》、《娜娜》、《酒店》等。

由得勾起學生時代的回憶。龔古爾兄弟[21]創作的長篇小說《在18××年》（En 18），描述月夜瑰麗美景的文章讓我對於蘆葦、水柳茂盛的綾瀨一帶景致，洗練出更新、更纖細的感受性。左拉[22]以「田園」為題的小品文，敘述近來巴黎人之所以愛上巴黎市郊塞納河畔風景的緣由，恰巧啟發我以自身經歷，比較巴黎人與江戶人的風流性格。

依據左拉的論述，相較於現今巴黎人逢假日必出遊的心態，往昔巴黎人對於郊外風景並沒那麼感興趣。好比閱讀反應時代風情的十七、八世紀文學作品，嗅不到半點現代抒情詩人歌頌「自然」的情懷，即是證據。直至盧梭[23]出現後，思想幡然一變，諸如夏多布里昂[24]、拉馬丁[25]、雨果[26]等文學家對於大自然的感懷，人們也較為親近自然。起初因為希臘藝術而被神格化的自然，或是遭法國古典文學漠視的自然，因著浪漫主義的熱情而開始人性化。然而，雨果、拉馬丁卻不曾直接以巴黎郊外的自然風情作為抒情詩的題材；在此不得不提到保羅·德·科克[27]這位世人忘了他其實是通俗小說作家

譯註｜23｜1712-1778，Jean-Jacques Rousseau，啟蒙時代的瑞士裔法國思想家、哲學家與政論家。

譯註｜24｜1768-1848，François-René de Chateaubriand，法國浪漫主義先驅。

譯註｜25｜1790-1869，Alphonse Marie Louise Prat de Lamartine，法國浪漫主義詩人。

譯註｜26｜1802-1885，Victor Marie Hugo，法國浪漫主義文學的代表人物，代表作有《巴黎聖母院》、《悲慘世界》等。

譯註｜27｜1793-1871，Charles Paul de Kock，法國小說家。

的文學家，雖然他描寫的對象並非郊外景物，卻在小說中以滑稽誇張的筆觸描寫五、六十年前的路易．菲利普王朝時期，巴黎市民跨越狹隘窒悶的都會城牆，到郊外的蒼鬱森林散步，坐在草地上享用美食的情景。從那時起，一般風俗逐漸改變，繼保羅．德．科克之後，畫壇開始興起結伴出遊巴黎郊外名勝的風潮。時至今日，眾所周知發現保羅描寫的默東[28]美景之人，正是為了寫生自然，破除古典形式的法國某派畫家們。後來，多比尼[29]一直探索至上游的蒙特[30]，這讓原本連地名都鮮為人知的郊區塞納河畔忽然多了紛至沓來的人潮。後來發掘這處美景的多比尼決定轉移陣地，溯尋瓦茲（Oise）這條支流，逃向遠方的安弗斯（Anvers）；柯洛[31]則是選擇留在處處都是水窪、大樹的阿弗雷（Ville d'Avray）。

由此記事反觀向島與江戶文學的關聯，發現以時間點來論，江戶人比巴黎人更早醉心於郊外美景。俳諧師[32]將葫蘆掛在腰際，結伴尋幽探訪「略微感受到春色」的江東[33]梅花，藏前一帶的男人們則是坐在載有藝妓

譯註｜28｜Meudon，位於法國巴黎近郊的城市。

譯註｜29｜1817-1878，Charles-François Daubigny，法國巴比松派畫家。

譯註｜30｜Mantes，法國城市。

譯註｜31｜1796-1875，Jean Baptiste Camille，法國風景畫家及肖像畫家。

譯註｜32｜俳諧是盛行於江戶時代的一種文學形式，帶點詼諧趣味的和歌、連歌。

譯註｜33｜隅田川東岸的江東區。

與醇酒的屋根舟[34]上，歡喜遠眺「橋場、今戶一帶，帶有鄉間風情」的河畔風光。

忘記在當初為了預防河水氾濫而築的向島河堤上，栽植櫻花作為裝飾的江戶人心胸，與明治人在都會樹立電線杆之森的經營手腕又有何不同？

巴黎人迄今依舊習慣週日全家出遊，坐在草地上啜飲葡萄酒；無奈我們身處的新時代卻像繪畫般，總是視破除美麗傳統為當務之急。

這兩、三天，頻頻收到來自各方的明信片，有寄自谷川的溫泉旅館、以海邊松樹為背景的照片等，好友皆照例出遊避暑，我卻沒有想去哪兒的念頭。

檐廊的胡枝子變長了，看似柔軟的葉面綴著水晶般的朝露；石榴花與百日紅那仿似燃燒的強烈色彩，在午後豔陽天下閃耀；隱身牆邊，淡淡睡去似的合歡花，那蓬鬆的紅色刷毛隨著晚風輕搖，還有單調的蟬鳴歌聲，斷斷續續的風鈴聲，自己依舊沒有想去哪兒的念頭。

譯註｜34｜有頂棚的遊船。

莫泊桑的短篇小說《隆多利姊妹》（Les Sœurs Rondoli），描寫初次旅行發生的種種不愉快。

「……再也沒有比移動到另一處地方更無益處的事。要說在汽車上度過一夜的感覺，那就是在搖晃中入眠，無論是身體還是頭部均飽受摧殘。在移動的箱子裡，時常被腰痛給痛醒，感覺皮膚滿是污垢，各種塵埃飛進頭髮與眼裡；在風不時竄入的列車餐車上，吃著難以下嚥的餐食。對我而言，這些就是揭開旅行這個令人厭惡的娛樂序幕。

以這輛急行列車為首，緊接在後的是寂寥旅館，儘管住客不少，卻顯得空蕩寬敞；面對氣氛詭異的陌生房間、怪異的床、寂寞感不斷襲來。對我而言，再也沒有比床更重要的東西，床可說是人生的一處神聖場域，人在上頭赤裸裸地生活，柔軟的羽毛被與純白床單讓疲憊肉體重拾活力與安息。

* * *

床也知道生命中最愉快的時間，那就是戀愛與睡眠時間。床是如此神聖，被視為世上最令人愉快、最喜歡的東西而被崇敬深愛著。

因此之故，當我拉著、捲著旅館床上的毛毯時，總是厭惡到渾身顫抖。昨晚誰在這裡做了什麼，又是哪個齷齪、可憎的傢伙躺在這張床上呢？我猜想八成是常被人在身後指指點點，遭人嫌惡的醜陋佝僂、患有疥癬之人，或是所有從頭到腳，甚至內心都極度腹黑、骯髒之人；抑或是面對面時，便能從其身上嗅到一股蒜味或汗水之類惡臭的人，不然就是身心障礙、罹患傳染病之人的汗水，這些稱為人體髒污的髒污，名為醜陋的醜陋之物。

一想到自己就寢的床上可能躺過這樣的醜陋之物，便覺得要將一隻腳踏到那裡，著實厭惡到難以言喻。」

當然，這是西方旅館的故事。日本的旅館則是有過之而無不及，除了棉被同樣令人心裡發毛之外，廁所與每天早上梳洗的地方也極度不乾淨。

廁所的情形就甭提了。倘若在家裡，當然不會讓陌生人瞧見自己剛起床的蓬頭垢面樣；但投宿旅館時，只能穿著皺巴巴的睡衣，腰間繫著細衣帶，偷偷摸摸地走向公用盥洗間。

而且洗澡的地方始終濕漉漉，甚至長出觸感滑溜的光亮青苔，地上還有隨手一扔的斷掉草牙籤，上頭掛著流不走的青綠、灰色的痰；腐朽木板牆面殘留著蝸牛匍匐過的痕跡，瀰漫一股廁所臭氣。

重視衛生的我為了避免遇上如此骯髒環境，寧可花錢投宿當地父母官也會入住的高級旅館，當然少不了為數可觀的小費。倘若付小費便能解決的話，倒也不覺得痛苦，但是一旦給了小費，回禮就是送上離去時勢必得叫輛車子才能帶走的伴手禮；而且這份只有外包裝比較大的回禮，成了回程路上的一大麻煩與負擔。

日本旅館最令人不快的事，就是旅館經理和女將[35]每日早晚的親切問候，以及每次散步時，女將的殷勤送迎。只能說，再也沒有比被剝奪旅途中才能

譯註｜35｜旅館老闆娘。

吟味到的寂寥感受，更叫人心煩疲憊。

就在我思索要去何處避暑時，正值盛暑之際，卻早已吹起秋風。伴著因為蚊香的煙而更顯昏暗的長明燈影，眺望灑過水的小庭院，隔著簾子聆賞隔鄰二樓的三味線……賦予東京這城市最美麗的生活風情就是夏日。別具熱帶風情的日本生活中，生氣勃勃又閒適的夏日傍晚，絕對是其他人種生活所沒有的特色。

蟲籠[36]、繪團扇[37]、蚊帳、青簾[38]、風鈴、竹簾、燈籠、盆栽等，任何國家都有如此別具巧思的器物與裝飾品，為平素只有黑白單色，色彩過於貧乏的白木宅邸與房間，增添難以言喻的輕快感。夏日傍晚也是瞧見日本女人最性感撩人的時節，繫著伊達卷[39]的寬鬆浴衣，翹起一隻腳，臉上略施脂粉，剛洗完澡的景象唯有此時才能見著。

沿著市街渠道散步的夏日傍晚，不時有種自己仿若身處默阿彌翁[40]的作品《島鵆月白浪》[41]，以清元[42]吟唱的唱詞中，一幕描述男主角於小妾住的地

譯註｜36｜養昆蟲的小籠子。

譯註｜37｜繪著圖樣的圓扇。

譯註｜38｜用青竹編織的竹簾。

譯註｜39｜一種細細的和服腰帶。

譯註｜40｜1816-1893，河竹默阿彌，活躍於江戶末期到明治時期的歌舞伎狂言作家。

譯註｜41｜默阿彌六十六歲時的作品，描述明石的島藏與松島千太，盜走福島屋的大筆金錢後，決心改過向善的故事。

譯註｜42｜一種三味線音樂，淨琉璃的一種。

方瞧見描繪雁金圖樣蚊帳的光景。

觀潮樓[43]的先生（觀潮樓的先生指的就是森鷗外）亦曾在名為「錯染」的短篇小說，仿西鶴[44]的文風描寫浴衣以及柳橋之女的戀情。當時，有位別號正直正太夫[45]的評論家以其擅長的雙關語，批評這篇作品是「先生的錯染還真是錯染」，這段明治小說史提及的逸事令我印象深刻。

記不清楚是何時（約莫是二十三、四歲時），那是在盛夏已過，位於柳橋小巷某棟屋子的二樓。記得那時我本來想邀這屋子裡的女人上哪兒避暑遊賞，而信步前往，卻屈服於窗外露台的刺眼陽光，在那兒待到傍晚的風迎面拂來。露台上，有好幾件上頭是音羽屋格子[46]、水珠、麻葉花樣的舊款浴衣與新款浴衣，隨著河面吹來的風兒交相翻飛。從露台通往窗戶那邊的踏板上，擺著魚缸、早已枯萎的牽牛花、石菖蒲，還有其他植物的盆栽；約莫八疊大小的房間鋪著涉紙[47]，一排氣派的矮櫃依序靠牆擺在未設壁櫃的那面牆，望去是成排抽屜的金屬把手；面向巷子的窗邊擺了四、五個化妝

譯註｜43｜東京都文京區，森鷗外晚年居住的觀潮樓舊址，現為森鷗外紀念館。

譯註｜44｜1642-1693，井原西鶴，江戶時期的人形淨琉璃作者、俳諧師，代表作為《好色一代男》。

譯註｜45｜1868-1904，本名齋藤綠雨，明治時期的小說家、評論家。

譯註｜46｜傳統的格子圖案。

譯註｜47｜在好幾張疊在一起的和紙上塗上柿漆，再風乾使其變硬，用來鋪在地上或包裝禮物用。

鏡；不時吹來的風吹得窗簾掀動，窺看得到隔著狹窄巷弄，對面人家二樓的欞子窗。

化妝鏡數量顯示這裡有四、五名女子，只見每個人皆一身浴衣，繫著細腰帶，閒躺在地板上。兩、三個人一邊嚷著：「好熱、好熱啊！」一邊像小貓般緊挨著彼此；嫻靜不語的一位，還遭逗弄。結果不知是誰突然扯著嗓子怒吼：「我最討厭別人碰我的頭髮！」眾女還來不及爭吵，樓下便傳來蜜豆冰小販的叫賣聲，其中一人慌忙叫住小販，一人倚著柱子，問著以指尖彈奏三味線的另一位：「唉唷！怎麼啦？從二開始才對哩！」。

只見一群女人想坐起來，卻又躺下；想閒躺一會兒，卻又站了起來，船底枕[48]翻倒，借來的小說、練習本四散一地。受寵的小貓一邊發出鈴聲，一邊攀著陡梯上樓。眾人的情緒總算平復，只見有人揮著紅色衣帶，逗弄貓兒。

只有我默默地瞧著她們這模樣。單憑一件浴衣，便能窺見千嬌百媚的年

譯註｜48｜底板像船底的箱型枕頭。

輕女人們擁有多麼柔美豐腴的身形，讓我沉醉在描繪一群土耳其美女坐在宮殿地磚上，充滿異國風情的油畫，或是從歌麿[49]的浮世繪吟味到的溫柔甜美情趣。

至今仍舊記得自己閒躺在閃耀於左右窗子的刺眼陽光，與在露台上翻飛的浴衣之間那抹白，由下往上看，那高遠清澄的盛夏正午青空……。

這也是盛夏時節的事。我從成排皆為運送商家倉庫的堀留町一帶，朝親父橋方向前行；沿著商家屋簷下一小方陰涼處往前走時，聽到從倉庫之間傳來與周遭景致十分協調，悅耳美妙得令人不忍離去的長唄[50]。

年輕女子的歌聲，伴隨高音絃的連奏。莫非因為有此樂聲，才催生出這片成排倉庫的街景？還是這片街景為了刺激我的幻想，而讓我聽到如此悅耳美妙的長唄？現在的我無法斷言。真正的樂癡是覺得沒了華麗的歌劇舞台裝飾，反而更能享受華格納的音樂，但性質與歌劇截然不同的三味線，

譯註｜49｜1753-1806，喜多川歌麿，活躍於江戶時期的浮世繪畫師。
譯註｜50｜以三味線伴奏吟唱的一種歌曲。

可說是極為原始單純之物，無法單憑樂器音色勾起聽者對於音樂的幻想。這也是就日本音樂而言，周遭景致為何是增進音樂效果上一項不可或缺的要因。

那天是豔陽始終高掛的八月盛暑，無垠晴空的藍色濃烈得快要滴落，瀰漫在髒污的倉庫屋頂上。巷弄時而筆直，時而蜿蜒，從成排倉庫門口望向屋後棧橋下方的渠道水面，恰似從洞穴窺看外頭般，穿過昏暗倉庫而顯得閃耀生輝；綁著粗布圍裙的搬運工蹲坐在倉庫門口納涼，拉車的馬兒垂著鬃毛，瞇起眼，沒什麼活力地驅趕成群蒼蠅；貨運行的店頭十分寬敞，坐在櫃台屏風與金庫之間的年輕人正撥弄著算盤，沒看到有人出入。兩、三隻灰色鴿子高傲地挺胸，漫步在豔陽天下的屋簷；一、兩隻不曉得從哪兒來的迷途瘦雞，怯怯地啄著從餵食馬兒用的乾草桶掉落馬腳之間的麥殼；沒半個往來行人，空氣乾燥，涼風微吹。

沒想到印象中總是忙碌的巷弄，竟然也有寂寞與沉滯的夜晚。我在強烈好奇心的驅使下，信步來到此處時，聽到被連綿倉庫屋頂遮蔽的屋後，傳來長唄的三味線樂音。炎夏之日的爽朗寂寞中，二挺[51]的三味線總是響著這樣的撥音。

我覺得再也沒有比這瞬間更能吟味以三味線伴奏的「長唄」，長唄的趣味在於展現一中、清元[52]無法彰顯的江戶氣質，即使拍子再怎麼快、再怎麼瑣碎，也不減率直單調的特色，不會呈現過於濃烈、纏綿的情緒；在稱為俗曲的日本近代音樂中，沒有任何音樂能像長唄一樣，展現如此輕快鮮明的特色。

無論是表現戀情之苦與無趣浮世的端唄[53]，還是長唄的三味線樂音，總能讓我幻想、清楚描繪出未經世事，出身富裕人家的姑娘唱著淨琉璃，抑或是任性驕衿，卻也有著溫柔一面的商家女孩。儘管是八月的豔陽天，我幻想中的女子仍是一身帶有領子的黃八丈[54]，繫著紅色匹田絞[55]腰帶的模樣。

毫無順序的走筆至此，再說個關於我的夏日回憶吧。因為夏天的水道

譯註｜51｜歌舞伎用語。換幕時，狂言的演員以拍子木敲打兩聲的意思。

譯註｜52｜用於歌舞伎的淨琉璃，好比一中、清元、河東、新內、常磐津等類別。

譯註｜53｜江戶十期盛行的一種歌曲。

譯註｜54｜東京都八丈島原產的一種以黃色為主色的和服，以島上的天然植物染織而成。圖樣為大四方形的一種染織。

譯註｜55｜圖樣為大四方形的一種染織。

水質溫潤不寒，所以我想用高台那邊的深井水沖個涼，遂帶著兩、三名下町女子同行，那是前往目黑的大黑屋途中的事。一行人循著茂密竹林與林蔭前行，走在成排老舊民宅的郊區小路時，我忽然從半枯萎的杉樹牆縫隙，窺見栽植少許草花的小庭園裡，有一件應該是忘了收進屋的女用浴衣垂掛在竹竿上。

那是除非到下町如此特別地方，否則絕對見不著的露肩浴衣，經過一番洗曬後，潛藏過往之事的染色已然斑駁；身邊跟著的是青綠之物盡是河邊柳，就連蟬聲也覺得稀奇的下町女人，來到這處無論是搭車還是搭電車皆出入不便的貧窮市郊，一邊聽著秋雨，這顆逐漸衰老的心又會變得如何呢……如此漫不經心的思忖時，赫然發現自己身在這處只見得到寂寥的郊區小鎮時，不得不正視人類的凋零、衰老、病死等，種種特殊的悲慘際遇。

東京的城鎮皆有廟會，理應在燈光、盆栽與鮮豔草花之間，欣賞下町女人的浴衣；被煤油提燈的油煙籠罩的廟會夜空，在接近渠道的城鎮看起來格外美麗。今年夏天，我是否該一如往年那樣留在東京呢？

八月已過了將近十天……。

昭和四十三年（一九六八）八月

下雪天

今天，雪又會下個不停嗎？一想到此，便有種自己成了第二幕狂言的出場人物心情，內心頓時湧現仿似聆賞淨琉璃的情趣。兩人像說好似的，靜靜佇立著，眺望天色逐漸昏暗的河川。

明明陰天無風，寒冷程度卻比富士山颳來的寒風更刺骨，我靠著暖桌，總覺得下腹部隱隱抽痛的日子已經持續一、兩天，果然從這天的傍晚時分又開始無聲無息地下起小雪。這時，突然傳來木屐踩在巷弄水溝蓋的小跑步聲、喊著「下雪囉！」的女人聲音，還有在大街上叫賣豆腐的宏亮嗓門，但不知是否錯聽，聲音突然變得遙遠微弱……。

每次開始下雪，我就會想起沒有電車、汽車的明治時代，那種東京獨有的市街風情。下在東京市街的雪，是日本其他地方見不著的固態雪，更別說有著一番不同於下在巴黎與倫敦市街之雪的情趣。巴黎的雪讓我想起普契尼[1]的「波希米亞人」[2]曲子，一首歌澤節中任誰都知曉的曲子「藏起羽織」。

藏起羽織，拉住袖子，說什麼今天都不讓你走。
邊說邊站在格子窗旁，將拉門拉開一條縫，

譯註｜1｜1858-1924，義大利作曲家，代表歌劇作品有《蝴蝶夫人》、《托斯卡》、《波希米亞人》等。

譯註｜2｜普契尼的四幕歌劇，取材自法國劇作家亨利．穆格爾的小說《波希米亞人的生活剪影》。

哎呀、您看，這雪。

我總是會在下雪天，想起上個時代這首被遺忘的小唄[3]，萌生想吟唱的心情。歌詞極為精妙優美，毫無一句贅言，比畫作更加生動描寫當時的迫切光景，以及綿綿不絕的情愫。對照那句「說什麼今天都不讓你走」，以及歌麿的「青樓年中行事」某個畫面，便會對我的解說拍案叫絕。

我還想起為永春水[4]的小說《辰巳園》中，描寫男主角丹次郎前往深川的隱匿住所，與早已分手的情婦仇吉舊情復燃，享受魚水之歡時，日落下雪，想走又捨不得走的纏綿心緒。同樣也是為永春水的作品《湊之花》（港口之花），描寫被思慕之人拋棄的女人，隱世獨居在水渠沿岸的一間破舊房子，下雪天卻無炭可用，暗自垂淚時，瞧見認識的船夫划著豬牙舟[5]經過，遂出聲叫住，要了些煤炭的情景；感受到上個時代的市街下雪時，一定會傳來三味線樂音的哀愁與哀憐。

譯註｜3｜從端唄衍生出來的民俗歌謠。

譯註｜4｜1790-1844，江戶後期的劇作家。

譯註｜5｜像豬牙般，船的兩端又細又長，沒有屋頂的小船。

我的小說《隅田川》約莫創作於明治四十一、二年，描寫有個叫做井上啞啞的人，與青梅竹馬的朋友，邊嚷著還不到梅花綻放時節，邊朝向島走去。兩人在百花園暫歇一會兒後，一回到言問橋，便瞧見河面一帶暮藹瀰漫，對岸燈火點點，雪從尚未完全黑的天空悄然無聲地落下。

今天，雪又會下個不停嗎？一想到此，便有種自己成了第二幕狂言[6]的出場人物心情，內心頓時湧現仿似聆賞淨琉璃的情趣。兩人像說好似的，靜靜佇立著，眺望天色逐漸昏暗的河川。耳邊突然傳來女人的聲音，往那方向一瞧，長命寺門前的掛茶屋[7]老闆娘正在收拾擺在屋簷下，凳子上的菸灰缸。店裡有土間的客廳已經點燈。

友人喚老闆娘，詢問能否給一杯酒？倘若即將打烊，那就給一瓶，只見老闆娘邊取下包在頭上的布手巾，邊回道：「請用吧！沒什麼好料就是了。」將坐墊拿到客廳鋪好。她是個將近三十歲，個頭嬌小，長相還算清秀的女人。

譯註｜6｜一場歌舞伎表演的第二幕。
譯註｜7｜路旁或公園裡販售茶水、點心給過往行人的小店。

老闆娘端來燒海苔和酒壺之後，親切地問我們會不會冷，還搬來暖爐。雖然她那親切舒服、機靈的待客之道在現今並非稀奇事，但今日回想，很想再見見那時的市街光景，回味那時的人情風俗；雖然事物一旦逝去，便不再重返，但並非盡是黃粱一夢。

友人獨酌一杯後，邊走邊說，
下雪天與不喝酒之人的袖手旁觀。
因為他看著我的臉，所以我也回道，
不喝酒的人猶如稻草人，只能賞雪吧。

我們問了又送來一壺酒的老闆娘，關於渡船的事，老闆娘告知渡船已過了最後搭船時刻，蒸汽船則是行駛至七點，我們稍稍寬心，
沒船的話，賞雪只會跌個四腳朝天。
借船為腳，便能安安穩穩賞雪吧。

那時，隨手記下任何事的筆記本，後來隨著成堆廢紙紮成一捆流入大河。如今縱使下雪，那一夜的事也和人情溫暖的過往時代，以及英年早逝的友人面容一樣，徒只剩隱約浮現的記憶。

一到下雪的寒冷日子，便會想起有隻黑色山斑鳩總會飛來我那位在大久保的住家庭院。

那時，父親已逝，只有我和母親住在寬敞的家。即便過了白晝，霜柱依舊未融的寂寥冬日庭院，不時會出現一隻不知從哪兒飛來的山斑鳩。母親每次看到這隻山斑鳩就會說：「看來又要下雪了。」雖然記不得究竟有否下雪，但不知為何，唯有一到冬季，山斑鳩就會不時來到庭院一事，始終烙印在我的記憶深處。下雪的冬日，將近日暮時分，身心疲倦，心情亦變得鬱悶寂寥。隨著歲月流逝，也許這般逐漸淡忘過往之事，沒來由的憂慮心情是為了喚醒莫名追憶的悲傷。

又過了三、四年，我賣掉牛込的家，輾轉租住市區各處後，搬至麻布已將近三十個年頭。母親與家人相繼去世，這世上已沒有我的至親。世間充斥著陌生人們的難解議論、聽不慣的言語、聽不慣的雜音。然而，以往山斑鳩飛來牛込的庭院時，那片寒冷到即將下雪的天空，迄今也會不時在每年入冬時，為我的寢室玻璃窗抹上一層灰。

忽然想到那隻山斑鳩後來如何呢？或許那隻山斑鳩一如既往，依舊漫步於老舊庭院的青苔上……。忘了歲月的阻隔，清楚回想起那天的事，彷彿隱約聽見不知從哪兒傳來母親說著山斑鳩來，看來又要下雪的聲音。

現實之身隨著回憶前往夢中世界，肉身投入的是遠眺無法渡過的彼岸時，那般絕望與悔恨的深淵……。回憶是具有歡喜與愁嘆這兩種情愫的神祕女神吧。

步入七十大關的日子越來越近，在變成七十歲的糟老頭之前，我必須努力活著嗎？著實不想活到這個歲數。雖說如此，倘若今夜閉上眼沉睡，就這麼結束此生的話，我肯定驚訝又悲傷吧。

既不想活下去，也不想就此去了另一個世界。這想法每日每夜在我心中出沒，成了一方雲之影。我的心不晦暗，也無法開朗，恰似下雪天那靜靜沒入黃昏的天空。

太陽勢必西沉，一日終將落幕，人也是終須一死。

活著時，吾身體內的懷念之物如此寂寥，卻也因為如此寂寥，人生有了一抹淡淡色彩。倘若死去，我希望死後也能有一抹淡淡色彩。一想到此，便覺得能在冥界那條寂寞之河的河畔，與自己曾經相戀的女人們，還有分手後便忘卻的女人們重逢。

＊　＊　＊

啊啊、我死後亦如活時這般，依舊必須為重逢、離別、分手的寂寞而哭泣吧……。

＊　＊　＊

那是藥研堀如同往昔江戶畫卷描繪的模樣，兩國橋也依舊橫跨隅田川，通往舊米澤町河岸的時期。成排停泊於東京特色「一錢蒸汽」[8]的棧橋，航行於浦安水道的大型外輪式蒸汽船，有時會有兩、三艘停泊在其他棧橋時的事。

我成為朝寐坊夢羅久[9]這位落語家的弟子已經一年多，每晚遊走市區各處的演藝場。那年正月的下半月，師父在深川高橋附近常磐町的常磐亭演出。

每日午後，我會前往夢羅久師父位於下谷御徒町的家，幫忙打點家裡

譯註｜8｜二次大戰前，定期航行於隅田川的小型客船，船票為一錢。

譯註｜9｜1777-1831，江戶時代後期的落語家。

的事，然後最遲於四點多趕至演藝場的後台休息室。演出時間一到，無論助演人員是否已抵達，都會咚咚敲響休息室的太鼓。站在門口負責看管鞋子的男人用發自丹田的聲音，朝著走過他面前的人們大喊「歡迎光臨」。我向櫃台要來火種，將休息室與高座[10]的火鉢升好火，等待上場的藝人魚貫進入休息室。

那時從下谷到深川之間的交通工具，只有行駛於柳原的紅馬車，以及大川筋的一錢蒸汽。因為正月是一年中，白晝最短、最寒冷的月份，所以從兩國搭船行至新大橋，來到六間堀的橫町時，暮藹瀰漫的川邊城鎮，天色尤其暗得快，路旁民宅小屋已經點燈，從巷弄裡湧出干物[11]的香味，人們行過木橋的木屐聲傳達市郊城鎮的寂寥。

忘不了那一夜的大雪。日頭早已西落，我站在兩國的棧橋等待一錢蒸汽時，突然一陣風拂過面頰，夾雜著灰色細細的霰，依序走進休息室的藝人們的帽子和外套上，從入夜便沾著白色東西。九點半演出結束，我目送師父搭

譯註｜10｜曲藝場的舞台。

譯註｜11｜曬乾的魚、貝類等。

車離去後，走到大街時，四周已經一片雪白，瞧不見半個過往行人。

我和敲擊太鼓的助演人員，兩人回家的方向並不同；我都是和每晚在下座[12]拉三味線的十六、七歲女孩——忘了她的芳名，只知她是立花家橘之助的弟子，家在佐竹原——我們總是並肩走到安宅藏大街的盡頭，過了兩國橋，在和泉橋一帶分開後，我便獨自從柳原走到神田，回到父母位於番町[13]的家，靜悄悄地從後門進屋。

每晚一起回家的我們經過本所時，因為這一帶多是寺院與倉庫，路上顯得格外冷清，卻意外覺得溫暖，有時還是明月高掛的夜晚。兩人曾一起渡過架在水溝上的小橋，目送鳴叫而過的大雁身影；也曾遭狗兒狂吠，身後有怪男人尾隨，兩人上氣不接下氣地拔腿狂奔；瞧見路旁小吃攤點著的燈，兩人吃著紅豆年糕湯、鍋燒餛飩，飽食一頓；或是將熱熱的福餅、烤番薯揣在懷裡，走過兩國橋；但我們一位是二十一、二歲的成年男子，另一位是十六、七歲的姑娘，儘管兩人自然而然緊挨著走在寒冷、寂寥的深

譯註｜12｜坐在位於舞台旁，負責演奏樂器的人員。
譯註｜13｜東京都千代田區一番町到六番町的統稱。

夜，卻從未被巡查攔下盤問。今日光是回想這件事，便曉得明治時代與大正以降的世道明顯不同，至少那時世間的猜疑、怨羨目光不像今日如此銳利、鋒芒。

那一晚，我和她一如往常走在熟悉的回家路上；但或許是三步併作兩步的關係，雪不一會兒就塞住木屐齒。風幾乎快奪走傘，暴風雪濡濕我們的臉與和服。然而，那是個還不允許年輕男女穿上二重迴[14]與外套、戴上手套、纏上圍巾的時代。貧窮人家出身的她，比我還習慣如此惡劣的天候，只見她趕緊撩起下擺，一手拎著足駄[15]，只穿著足袋[16]。她說反正不管是撐一把傘，還是兩把傘都會淋濕，不如兩人共撐一把傘，於是我們倆握著竹傘柄，沿著民家屋簷下前行，不久便走到那一頭是伊予橋，這邊是大橋，一處可以環視周遭的地方。只見她突然一個踉蹌，雙膝跪地，縱然我想扶起她，也沒那麼容易起身。想說她總算能夠站起來，又險些跌跤，看來應該是只穿著足袋的雙腳凍到麻痺的緣故。

譯註｜14｜男用和服外套。
譯註｜15｜雨天穿的高齒木屐。
譯註｜16｜日式布襪子。

就在我們不知所措，無奈地張望四周時，瞥見暴風雪中隱約可見的蕎麥屋燈，甚是歡喜。熱氣騰騰的一碗餛飩，頓時讓她回復元氣，能夠再次走在雪中。因為我那時喝的是平常不喝的燗酒[17]，想說藉以抵禦寒氣，但因為足足喝了一合[18]多的緣故，醉意隨著步伐襲來，加上走在難行的雪路上，腳步越發踉蹌，原本握著她的手的指尖，竟然不知不覺地摟著她的肩頭，兩人的臉貼近到幾乎快摩擦到面頰。這一帶果然如高座的落語家所言，繞啊繞的，讓人搞不清方向，究竟是本所？還是深川？越發搞不清楚自己身在何方。這時，我突然被什麼絆倒，重摔一跤，好不容易才被女孩扶起來；一瞧，原來是木屐帶斷了。我瞥見路旁立著成排的竹子與木材，遂走過去挨著一方暗處，風雪吹不進這裡，也瞧不見被雪照著的道路，可說別有洞天。總是遭繼母斥責晚歸的女孩也總算喘口氣，撫著被雪濡濕的銀杏返[19]髮髻，擰了一下和服袖。我終於拋開顧慮，她也明白我真的醉了。縱使兩人之間突然就此演出人情本[20]的場面，也不奇怪。

譯註｜17｜溫熱過的酒。

譯註｜18｜約一升的十分之一。

譯註｜19｜幕末至明治時代，江戶女性結的一種髮髻，髮型神似銀杏葉。

譯註｜20｜江戶後期至明治初期流行的一種小說，多以描寫戀情、人情糾葛為題。

某日，我在街角堆雪達摩[21]，雖然拚命將雪掃成山，但不一會兒雪達磨、雪山逐漸崩解變小，終至不留痕跡，道路已乾，一陣從河川颳來的風吹得沙塵漫天。正月已過，又至二月的初午[22]，師父夢羅久的演出場所從常磐亭移至小石川指谷町的演藝場；女孩那個月也從下座換至高座[23]，也沒來小石川的演藝場演出，兩人從此再也沒機會相偕走在夜晚的歸途。

我不知女孩的芳名，只知她家在佐竹，連門牌號碼也不知。雪夜的餘韻隨著轉眼即逝的雪，消失得無影無蹤。

市街下著雨，
我心也下著雨。
我模仿知名文學家魏爾倫的詩，倘若我曉得那國家的語言表達方式，
市街下著雪，
我心塞滿憂愁。
或是，

譯註｜21｜雪人。
譯註｜22｜二月的第一個午日，也是稻荷神社的祭典日。
譯註｜23｜演出的舞台。

市街的雪消失，
回憶也了無痕跡。
……………………
也能如此低吟吧。

向島

某個週日午後，我坐在紐約中央公園的長椅上看報時，有位紳士瞥見我，停下腳步喚我的名字，這人是誰呢？正是當年在淺草橋場岸邊棧橋上垂釣的那名學生。少年時期的回憶，不知帶給當時的我們多少幸福。

因為隅田川的水越來越混濁、惡臭撲鼻，所以後來我再也不想搭船遊河。回想起來，明治、大正時代的隅田川最是美麗。

那時，兩國下游並排著四、五間用竹簾圍起來的水練場；將近傍晚時分，柳橋一帶的藝妓會來游泳，顯得這裡熱鬧喧騰。想起四、五十年前，我們也是在這一帶的水練場學游泳；那時，尚未掀起在鎌倉一帶建造別墅，作為孩子玩樂場所的社會風氣。約莫是我就讀一般中學，過了一、兩年後的事；季節稍微轉冷時，無法下水游泳的我們便去淺草橋一帶的釣船屋租船，然後從兩國划經向島、永代，來到品川的砲台一帶。然而隨著兩、三年的歲月流逝，這項興趣逐漸被其他事物取代，我也與同划一艘船的學校朋友漸行漸遠，其中也有人病故。隨著時光飛逝，我甚至連他們的名字都不記得，也想不起來。

那時，舉家從我的出生地小石川搬遷至飯田町。我因為什麼緣故，路過那一帶時，不禁想起陳年往事，猶如憶起昨夜夢境。

今戶、橋場一帶也屬淺草，從浮在河面的小船望去，岸上並排著好幾棟如同別墅般氣派的宅邸，每一棟都有一道從布滿石子的岸邊朝河川伸展的棧橋。我們將小船繫在這樣的棧橋，開始吃起便當、讓痠疼的手臂得以歇息。某日，瞧見有個學生在某棟宅邸的棧橋上垂釣，因為看上去與我們年歲相仿，也就一回生，二回熟，打過幾次照面後，自然互相出聲招呼。某天發生了一件事，學生釣起一尾看似鯽魚的大魚，魚卻飛進我們的小船。學生朝我們大喊，於是由我壓住魚，眾人將小船划向他站著的棧橋，彼此就這樣熟稔起來。後來他瞧見我們停船吃便當時，還用土瓶[1]泡些暖茶，帶給我們喝。

歲月流轉飛逝，不知不覺間我們厭倦划船遊河一事，也不再跑去借船。再過些時候，我告別了在中學學習的日子，也從專門學校畢業，受僱於某間公司，飛往美國工作。某個週日午後，我坐在紐約中央公園的長椅上看報時，有位紳士瞥見我，停下腳步喚我的名字，這人是誰呢？正是當年在淺草橋場岸邊棧橋上垂釣的那名學生。少年時期的回憶，不知帶給當時的我們多少幸福。

譯註｜1｜陶製茶壺。

從橋場岸邊眺望對岸時，可瞧見漆上「帝國大學」字樣的艇庫。每年河堤花開時，就會舉行學生的划艇比賽，不僅艇庫附近，那一帶總是擠滿來看划艇比賽的人，可說熱鬧非凡。我記得應該是在這一帶，河堤上有間賣言問糰子[2]的小店，還立了個記載堤上櫻花由來的高聳石碑。走過糰子屋前，下了河堤往右走，便來到民宅聚集的寧靜街區。

這是我從西方留學回來後不久時的事。突然收到一封我出國前，在柳橋結識的女人寄來的信，於是詢問地址後前去探訪，來到河堤下方一處從以前就多是小妾住家的寧靜街區。

那時約莫三十出頭的我，遂邀約這名女子一起去淺草公園吃頓晚餐。後來每次從高台前往下町，搭船行渡隅田川，前去與暫時遷居曳舟通的她相會時，總覺得這段路程如詩作般優美。因為隅田川的水變得清澄，不再混濁惡臭，所以有些搭船渡河的人甚至會站在船邊，將手伸進河裡洗手。

來到曳舟這處郊區，百花園[3]就在不遠處，從百花園也可行至堀切附近

譯註｜2｜向島言問橋附近的名產。

譯註｜3｜向島百花園位於東京都墨田區，建於江戶時代。

的菖蒲[4]園。堀切這一帶尚未建造渠道時，是一片小河蜿蜒，有著茂密樹林的田園景致，還有四、五處栽植菖蒲的庭園，每一處都是風雅之士熟悉之地，如今卻成了被田地埋沒的城鎮，只剩下一、兩處菖蒲園，還必須買張頗為昂貴的門票才能入園遊賞。

時至今日，向島不再是風雅人士腰間繫著葫蘆，拄杖遊逛之地，而是成了開車前往參觀工廠製作物品的地方吧。

譯註｜4｜就是鳶尾花。

鐘聲

風向隨著季節改變，從春天變成夏日，因為鄰近人家的門窗均敞開，所以從四面八方湧起的廣播聲隨著東南風，從早到晚、甚至深夜都包圍著我家；拜此之賜，讓我暫時忘了熟悉的鐘聲。

不知為何，位於麻布的老宅二樓聽得到鐘聲。

鐘聲不會太遠，也不會過近，亦不至於妨礙我思索事情。當我陷入沉思，就會聽到這般沉靜音色；當我腦子放空，什麼也不想時，感覺更恍惚，彷彿做夢似的，那是猶如西洋詩所說的搖籃曲，悅耳溫柔的聲響。

我從聲音傳來的方向，推測應該是芝山內的鐘聲。

芝鐘以往是擺置在山路那邊，如今移了位置，現在的鐘是在增上寺院境內，但不清楚是從哪一邊撞出聲。

我在這房子已住了將近二十個年頭，當初搬來時，一旁絕壁下方殘存著幾戶茅草屋頂的民宅，白天不但聽得到雞啼，聽到鐘聲的次數也比現在頻繁；但無論我怎麼試著回想，也尋不著那時聽著、聽著，逐漸陷入沉思的記憶；或許是因為十年前聆聽鐘聲時，身體尚未衰老的緣故吧。

然而震災後，不知從何時開始，鐘聲聽起來卻是如此陌生，彷彿昨日才聽聞的事，今天又期待想再聽一次。

鐘聲倒也並非不分晝夜，每個整點都撞鐘一次，無奈卻被車子的呼嘯聲、風聲、廣播、飛機、擴音器等，各種聲音遮斷，結果極少傳至我耳裡。

我家位於絕壁上頭，從後窗可以遠眺西北方的山王與冰川的森林；冬日時，從西北的富士吹來的風，吹得絕壁上的竹林與庭院樹木激烈搖晃，不單是窗子，連房子也搖晃。風向隨著季節改變，從春天變成夏日，因為鄰近人家的門窗均敞開，所以從四面八方湧起的廣播聲隨著東南風，從早到晚、甚至深夜都包圍著我家；拜此之賜，讓我暫時忘了熟悉的鐘聲。

依這些年來的經驗，鐘聲最讓我感到歡喜的是，隨著連續兩、三日的刺骨寒風，短暫冬日的忙碌生活一起消逝之時；還有總覺得寒夜更加寒冷，四周越發沉靜時；以及在燈火下，我獨自拿起筷子，準備享用晚膳，「鏘！」的最初一撞在我耳畔迴響時；只見我驚愣地拿著筷子，不由得回頭瞧著傳來鐘聲的方向，望見長庚星[1]寂寥地浮現在深不見底的神祕夜空，也瞧見枯萎樹梢掛著一彎弦月。

譯註｜1｜傍晚西方天空出現的金星。

日照時間終於變得較長，夕陽西下的黃昏時分，白晝逐漸消逝，夜幕尚未完全覆蓋，無論是讀書還是寫字，皆已感到厭倦。即便到了即將點燈的夜晚，沒有任何想做的事，也沒有任何樂子時，突然傳來的鐘聲誘使我胡亂想起過往之事，絲毫未覺托腮的雙肘早已麻痺。當然，也會有匆忙拿出故友的遺作，徹夜拜讀的時候。

不只枝繁葉茂的庭院，連家裡的窗戶也變得昏暗，尤其下著濛濛細雨，雨滴從葉子末端無聲無息落下的午後，傳來比平常更縹緲、更柔和的鐘聲，像是從鈴木春信[2]的陳舊版畫中，那顏色、那線條感受到的疲勞與倦怠感；相反的，也像將近尾聲的秋日，經過一晚感覺力道更強的西風，想將斷斷續續聽到的鐘聲比喻成屈原的《楚辭》。

昭和七年的夏天之後，隨著世事變遷，鐘聲對我而言，對明治時代而言，成了無法忘懷的回響，那是述說忍辱與領悟過程的靜謐囁語。

無論是西行[3]、芭蕉[4]、皮耶．羅狄，還是小泉八雲[5]，都會在他們的生

譯註｜2｜1715-1770，江戶中期的浮世繪師。
譯註｜3｜平安後期的武士、僧侶、歌人，俗名佐藤義清。
譯註｜4｜1644-1694，松尾芭蕉，江戶前期的俳諧師。
譯註｜5｜1850-1904，希臘籍新聞記者，也是小説家、日本民俗學家

涯或時代，側耳傾聽這樣的回響、這樣的聲音、這樣的囁語；但無論是古今歷史，還是描述人生的傳記，都不曾提及轟鳴鐘聲能促使一個人奮勇躍進的事。這股隨著時勢變遷的不可思議力量，和天地異變的力量一樣厲害。佛教形式與僧侶生活早已有了改變，亦不再是芭蕉與小泉八雲等人聽聞的佛寺鐘聲，看來就連僧侶夜半起床敲鐘的習慣，也不見得能一直持續下去吧。

　當我偶爾聽到鐘聲時，也會莫名懷著和古人一樣的心情，怯怯地想著莫非我是最後一個聽到鐘聲的人……。

昭和十一年（一九三六）三月

◎輕知日

偏奇館

一九二〇年，四十一歲的荷風在麻布區（現今港區）買了一塊地，蓋了一間兩層樓的木造洋風建築，從築地搬遷至此。由於建築外表塗了油漆（日文稱「penki」），所以荷風套上漢字稱它為「偏奇館」，為了配合這棟洋風建築，荷風還將日常穿著從和服換成了洋服。他在此獨居二十餘年，寫出了中期的許多著名作品。一九四五年，偏奇館因戰爭遭空襲而被燒毀，六十六歲的荷風其後因避難，過了一段四處流浪的日子。

偏奇館位於崖上，荷風曾述說從自家庭院往下眺望，景色有如位於溫泉旅館的城鎮一般。但近年來當地因都市開發，早已見不到荷風從前所眺望的景致，取而代之的是巍然聳立的高樓大廈。偏奇館遺跡地點位於現今港區六本木，搭乘東京地下鐵南北線至「六本木一丁目」便可抵達，當地僅存一面介紹荷風及偏奇館遺跡的石碑。

附帶一提，荷風曾於一九四四年，認堂弟大島一雄的兒子永光為養子。當時荷風六十四歲、永光十一歲，認養據說是為了遺產問題，永光仍然與親生父母一同生活，因此兩人終究沒有親密的親子關係。一九五六年，永光在銀座開了一間酒吧，稱之「遍喜館」（與「偏奇館」日文讀音相同）。永光甚至於荷風逝世之後，移居到荷風生前最後的居所（市川市八幡），保管荷風所有的遺產。永光於二〇一二年，與荷風逝於同一居所、享壽於同一年歲。

小說

飯糰

回過頭的年輕太太臉上浮現驚喜神情。仔細一瞧，今日的她比初次在葛西橋下見到時，美麗動人多了。年約二十二、三歲的她，因為身邊沒帶著小孩同行，越看越覺得像是尚未出嫁的年輕女子。

深川古石場町的警備員，亦是雜貨店老闆的佐藤在三月九日夜半的空襲中，拚命從大火中逃至葛西橋附近，頻頻眨著從頭巾露出來的紅腫雙眼，看著渠道堤防的草色與水流，確定自己逃過一劫。

一時之間，佐藤不知自己該往哪兒逃，毫無頭緒。沒看到背著孩子逃命的老婆身影，佐藤只好朝著逃命的人潮中，拚命喊叫，還是不曉得妻兒身在何方。整夜狂吹的西南風捲起漫天煙塵，不斷蹂躪著人潮，無法回頭，也難以前行，只能邊喘著氣，邊被人潮推著一股腦兒地往前走。人潮稍為稀疏後，佐藤感覺總算能喘口氣，腳步也變得較為輕盈時，竟然累得連一步也踏不出去，就此蹲下，卻怎麼也無法站起。佐藤一回神，察覺自己背著塞滿衣物與食物的背包，趕緊取下，踉蹌地慢慢起身，張望四周，這才明白自己究竟身在何處。

瞧見寬敞道路漸成緩坡的盡頭，立著粗粗的橋欄杆，萬里晴空，風聲呼嘯，颳起路上砂石，堤防下方立著燒剩的樹木，只剩焦柱的小屋在風中搖搖欲墜。只見沐浴在沙塵中的男女老幼坐在成堆被拋出的寢具、矮櫃、包袱當中，彼此緊緊相依；有人正在照料傷者，也有人平靜吃著東西。瞧見兩輛載著巡查與護士的卡車，從橋的彼端朝佐藤逃出來的火場方向駛去。此起彼落的呼喊聲中，被狂風掠去的孩子哭聲聽來更顯哀傷。佐藤聽著這些吵雜聲，心想或許是半途走散的妻兒發出的聲音，趕緊背起擱在腳邊的包包，循著聲音方向走。

隨著從天際灑下的晴朗朝陽，不知從哪兒來的避難人潮越來越多，卻沒半個佐藤認識的熟悉面容。咽喉乾得受不了，飽受寒風狂吹的痛楚，佐藤只能重新背起行囊，行至渡橋口。一瞧，眼前是連接大海，廣闊的荒川渠道；橋下有幾艘沒被燒毀的釣船繫於枯萎的蘆葦叢間；隔著緩緩水流，對岸是蒼鬱松樹以及茂密樹林，看起來安穩得令人難以言喻。無論是橋上、堤防上、還是河邊砂地，徘徊著撿回一條命的人們。佐藤走到水邊，摘下頭巾，卸下行囊，先洗眼而不是洗臉，拂去遭燒壞的衣服上的髒污，伸長僵硬痠痛的雙腿，就地躺了下來。

只見一旁有個穿著沾滿泥土的勞動服，用包巾裹住臉頰的年輕太太，身旁還有個戴著頭巾的四、五歲女孩。只見年輕太太抱著大包袱蹲著，眨著同樣紅腫的雙眼，

「請教一下，去東陽公園的人還沒回來嗎？」問道。

「不清楚呢！大火應該還沒撲滅吧！太太，妳是住在那一帶嗎？」

「是的，我們住在平井町，雖然一家人逃了出來，卻半途走散了。不曉得其他人去了哪兒。」年輕太太噙淚地說著每句話。

「現在局勢未明，還是一片亂，我也和妻兒走散了，不曉得該怎麼辦啊！」

「唉、我也是，這下子該怎麼辦啊？」年輕太太啜泣哭喊。

「沒辦法，得去看看被燒毀的地方成立町會[1]了沒。對了，太太，你們有打算去哪兒嗎？」

譯註｜1｜居民自行組成的組織，相當於自救會。

「我老家很遠，在成田。」

「成田嗎？不管怎樣，還是去趟町會，拿個證明書比較好。我休息一會兒也想去看看。我住在古石場。」

「對了，我們在行德也有認識的人家，也想去那裡看看。」

「行德的話，走路就可以到。與其去這附近的避難所，不如去那裡比較好吧！我在市川也有認識的人家，不曉得那裡如何，想說去那裡看看。現在這樣子就跟乞丐沒兩樣，這也是沒辦法的事囉！」

佐藤露出一籌莫展的眼神，看向颳著呼嘯狂風的天空時，從堤防那邊傳來這樣的呼喊聲。

「飯已經煮好了。請來町會取用！」

佐藤在市川，做了笊籬[2]和籠子，跟著做批發生意的商家主人學做生意，還拜託對方租給他一間房間。他也會不時帶著自己用竹子做的手工藝品，背

譯註｜2｜竹子做的撈物器具。

著附近人家做的竹掃帚，前去東京販售。每次他都會順道回去以前居住地的町會，打探妻兒的下落，卻始終無消無息；想說至少也要曉得埋屍之所，卻連一點兒消息也沒有。

逃過火劫的市川町，國府台的森林嫩葉越來越綠，真間川堤的櫻花也不知不覺地散落一地。某日，佐藤一如往常背著笊籬，帶著一捆竹掃帚，從省線的淺草橋車站走到橋頭時，瞧見逃出火劫那天早上，在葛西橋下一起吃著剛做好的飯糰，後來便分道揚鑣的年輕太太，看來兩人應該是搭同一班電車，只是她先一步出了車站。

走在後頭的佐藤莫名想起那天的事，喊著：「太太！」

「哎呀！那時真是受您照顧了。」

回過頭的年輕太太臉上浮現驚喜神情。仔細一瞧，今日的她比初次在葛西橋下見到時，美麗動人多了。年約二十二、三歲的她，因為身邊沒帶著小孩同行，越看越覺得像是尚未出嫁的年輕女子。包住臉頰的毛巾下，垂著微捲的頭髮，生得一張瘦長臉，皮膚白皙，嘴角露出嫵媚的笑，一身用二手衣修改的勞動服，模樣十分清爽。佐藤心想她背了個方形布巾，若非外出採買物品，應該和自己一樣在行商。

「太太，妳已經回來這兒嗎？」

「不，我還住在那裡。」

「那裡，是指行德嗎？」

「嗯。」

「那麼，還不曉得那檔事嗎？」

「還是乾脆別知道比較好，聽說警察將一大堆屍體一起燒了。」

「這都是命，也無可奈何啊！我也還沒打聽到什麼消息。」

「放棄打聽也是沒辦法的事啊！畢竟我們也是迫於無奈呀！」

「妳說的對。至少妳的孩子還活著，這是多麼幸福的事啊！不像我……。」

「一回想起來，總覺得像場夢似的。」

「發現什麼好買賣嗎？」

「我邊走邊賣糖果，有時也會拿些蔬菜來賣，只能勉強餵飽孩子就是了……。」

「如妳所見，我也是在做小生意。行德離市川並不遠，要是有什麼好買賣，我就通知妳一聲，妳那邊的地址是……」

「南行德町的藤田傳云家，往八幡的公車可達。搭公車到相川傳云站下車，問一下就知道了。我們住的是一處聚落。」

「到時我再問問。」

「我在洲崎前的郵局存了一點錢，不多就是了。不曉得領不領得出來。」

「當然領得出來，哪裡的郵局都能提領。災民只要有存摺，應該可以提領。」

「我家人帶走存摺了。」

「這就傷神了。沒關係，我去那邊時，再幫妳問問。」
「不好意思，真是麻煩你了。」
「妳今天要去哪兒？」
「想說去上野那兒看看，從廣小路到池之端那裡好像沒燒著。」
「那我們一起去轉轉、看看，如何？下谷靠近上野那裡也好像沒燒著呢！」

時機好，天氣也不錯。兩人邊聊，邊來到逃過火劫的城鎮賣東西，沒想到生意出奇的好。來山下時，糖果不知不覺間已所剩無幾，竹掃帚也賣得一把不剩，笊籬也只剩三個；兩人坐在停車場前的石階，攤開帶來的便當包，一起吃著飯糰。

「那時吃的飯糰還真難忘啊！正因為那種時候才吃得下啊！沒煮熟的玄米，飯裡還有砂子，還真是嚇一跳呢！」

年輕太太分了些佃煮玉筋魚給佐藤，佐藤則是回禮些煮豆子。年輕太太說玉筋魚是在住家附近的浦安拿的，剛好可以做便當菜。

自從失去妻兒後，佐藤再也不曾像今日這樣一邊愉快談笑，一邊吃東西，內心著實歡喜不已。

「對了，妳今後打算怎麼辦？難不成一個人過活？」

「是啊，該怎麼辦呢？現在只能想辦法溫飽肚子就行了。」

「溫飽肚子應該是不用擔心哩！」

「男人的話，找工作不是什麼問題，但我們女人家，還帶著孩子，就不容易了。」

「所以啦，妳看這樣如何？我單身，妳也一個人，我們也算有緣，是吧？那天早上一起吃賑災糧，不覺得是種奇妙緣分嗎？」

佐藤深怕惹對方不高興，邊窺看年輕太太的臉色，邊提議。

年輕太太什麼也沒說，既沒覺得驚訝，也沒一副為難樣，心情也沒不好，嘴角始終掛著一抹惹人憐愛的笑意，一副曉得佐藤要說什麼的樣子，看著他。

「太太，妳是叫千代子吧？」
「嗯，是的。」
「千代子女士，如何？要不要試著和我在一起呀？我們倆一起努力攢錢，共築一個家吧！雖然戰爭的事不能大聲說，但聽說拖不了多久了……。」
「就是呀！還是得趕快做個了結才行。」
「大火還沒發生之前，你們做的是什麼買賣？」
「我家經營洗衣店，經營得還不錯哦！無奈一開戰，生意就變差了。說到底，就是他愛喝酒……。」
「原來如此，妳先生是這樣的人啊！不管是酒還是菸，我是那種都不碰的人，這一點絕不輸人。」
「就是呀！一旦愛上酒，就無法戒掉呢！還因此交上壞朋友……雖然現在說這些也無濟於事，但就是會讓我想起不愉快的事。」
「酒和女人是分不開的事。我看，肯定有什麼奇怪的人找上門來，說要一決勝負吧？」

「沒錯！而且談判時的氣氛不好，竟然挑在人來人往的地方……」

「我明白了。妳還真是吃了不少苦啊！」

「唉、就是呀！要是沒孩子的話，我還真是時常怨自己命苦呢！」

四周不是排隊買車票的人們，就是吵吵嚷嚷，要去別處的災民，兩人卻絲毫不忌諱旁人的眼光。佐藤突然握住千代子的手，千代子也沒有不情願的意思，還主動將身子靠在佐藤的膝上。

一宣布休戰，各處城鎮的停車場附近開始出現各式攤販。

佐藤與千代子兩人在位於省線市川車站前大街上一處戰爭時，商店早就撤走的空地擺起賣關東煮的攤子。因為不少都是很久以前便認識的熟人，加上佐藤的店占據掛上成排簾子的攤子當中，最靠近車站出入口，也是人潮最容易駐足的絕佳位置。

又是新的一年，不久便傳出銀行的存款全面凍結，如此令人震驚的消息。唯獨對於領日薪的勞動者與攤商而言，雖然物資高漲，景況卻反而對他們有利，所以即便街上商店日頭一落便紛紛關門，空地上的攤子卻每晚開燈到將近十一點。

那天晚上也是營業到很晚，快到準備收攤的時刻。佐藤攤子上的鍋子前，突然冒出一位帶著女伴同行的男客。男人頭戴獵帽，身穿夾克搭配半長褲；女人臉上畫著柳眉，抹粉、塗口紅，留著一頭捲髮，圍著藍色圍巾，穿著格紋外套。佐藤瞧見他們的模樣，連忙招呼：

「歡迎光臨，來一壺嗎？」邊說，邊拿起一壺溫酒。

「可否來壺不是合成酒的酒，如果有的話。」

「這是高級品，您喝喝看就知道了。」

「那就好。」男人又拿了一個杯子，邊替女人倒一杯，邊說：

「妳覺得呢？那個小子說要奮發圖強，八成只是說漂亮話罷了。」

「我也是這麼想呢！只是沒想到他會那樣，我才沒多說什麼。」

兩人顧慮著周遭，悄聲交談。就在這時，掀起簾子，側身走進來的是每晚哄孩子入睡後，就會來攤子幫忙的千代子。燈光下，千代子和站在鍋子前的男人冷不防四目相對。

兩人臉上出現猶如電光一閃的驚愕與詫異情感，彼此顧忌什麼似的沉默不語。

男人突然從口袋掏出一疊鈔票，說道：「結賬，多少？」

「三杯酒。」佐藤看了一眼小碟子，「一共四百三十四日圓。」這麼說。

「不用找了。」男人扔了五張百圓鈔後，隨即抓著女伴的手臂，步出簾外。外頭一片昏暗，吹來一陣風。

「收拾囉！」佐藤雙手拿起浮著賣剩的關東煮大鍋子，放到地上。完全沒聽見佐藤這聲吆喝，怔怔地目送客人們離開的千代子，突然說：

「老公。」

「怎麼啦？怎麼臉色不太對勁啊？」

「老公。」千代子挨近佐藤，「我沒看錯，他還活著呢！」

「活著？誰啊？」

「還會有誰，就是那個人啊！」千代子發出哀憐聲，握著佐藤的手，

「就是那個人！絕對是他！」

「呃、就是妳之前的那個人嗎？」

「是啊！老公，怎麼辦？」

「他身邊不是跟了個看起來很妖豔的女人嗎？」

「誰曉得他們倆是什麼關係呀？」

「看起來像在搞什麼不正當的勾當呢！可能明天還會再來吧！」

「要是來的話，怎麼辦？」

「還能怎麼辦！端看妳自己怎麼想啊！要是他開口要跟妳復合，妳會願意嗎？」

「這你大可不必擔心。什麼願不願意，你也真是的！你不是知道了嗎？我的肚子裡可是從上個月就懷了你的種。」

「我知道啊！既然如此，我也有個想法。妳還是向他好好解釋，清楚了斷比較好。」

「我不曉得他會不會乾脆的和我了斷。」

「這種時候不能說這種話吧！第一，就算和妳有了孩子，但因為我們尚未入籍，為求慎重起見，先寫封信回鄉下老家告知一下，所以妳也應該做一件相對應的事才對啊！我沒確定妳的心意，怎麼向家裡的人說啊！」

兩人回租屋處的路上，也在討論如何治退前夫的方法，佐藤希望早日讓千代子入籍。

隔天，等了一天一夜，都沒瞧見那男人的身影。過了兩天、三天，又不知不覺間過了一個多月，還是沒再瞧見過他。

季節更迭，原本賣關東煮和紅豆年糕湯的小攤，開始變成賣冰的攤子，不久就是盂蘭盆節。夜風尚寒的某個夜晚，千代子在即將收攤時，突然瞧見一個熟悉身影，心想或許只是神似罷了，也懷疑可能是從那個世界迷途來此。越想越心裡發毛的千代子顧不得自己已經大腹便便，帶著孩子前去法華經寺迴向消厄，又向寺院內供奉的鬼子母神祈願安產。

某天，前往新小岩採買進貨的佐藤歸來，這麼說：

「果然如我所想，那個男的在開私娼僚，而且在那裡已經開了五、六十間，而且專找龜戶那裡，家被火燒了的女人。」

「哎呀！是喔。龜戶啊！」

千代子聽到龜戶這字眼，似乎頗在意。

「他從以前就常在龜戶那裡混的樣子。不過，老公，你打聽得還真是清楚呢！」

「那家店的後面是田地，表面上看起來好像沒什麼，但我瞧見女人在洗貼身衣物，想說怎麼回事，結果看到妳前夫在搬動店門口的水溝蓋還是什麼的。」

「老公，你可真是好眼力呀！」

「不仔細察看，還真看不出什麼不對勁呢！我這麼做都是為了妳，還花了不少茶錢，足足被敲詐了七十日圓。」

千代子準備了燒餅和小菜，翌日火速去法華經寺參拜。

羊羹

新太郎還聽聞老闆在木場經營木材批發生意，不知統制後下令凍結財產一事是否對其有影響，雖然如此慘事不見得會發生在老闆身上，但新太郎一想到此，更想打聽對方的下落，想向以往曾關照過他的人道謝。

入伍從軍兩年的新太郎歸來，受僱於銀座巷弄裡一家名為「紅葉」的小飯館，跟著店裡廚師學習。然而統制後的社會氛圍，尤以銀座一帶全然變了樣。

因為物資貧乏，東京的餐飲店沒有一家能每日開業迎客，「紅葉」也是在門口掛了個公休的牌子，只做熟客與客人介紹來的生意。雖說如此，還是一休便連休十天，這下子舉凡食材、蔬菜、酒、炭火和木柴勢必得重買。戰事一旦拉長，店裡就會從公休一次，變成公休兩、三次，終至生意無以為繼，老闆娘也不敢奢望新客上門。

新太郎因著周遭景況與世間傳言，內心著實躊躇不已，心想自己會再次被徵召赴戰地？還是去工廠謀生？幸好在這間飯館謀得一職，成了能夠獨當一面的廚師，但繼續待下去的結果，也沒有自行開店的前途可言，心想乾脆踏出這方舒適圈，或許還能掙一片新天地。於是新太郎下定決心，於昭和十七年歲末求得門路，從軍去了滿州，憑之前在軍營的經驗負責開車，就這樣過了四年歲月。

停戰歸來後，放眼東京，四處都是慘遭焚燬的廢墟。新太郎想找尋「紅葉」飯館、老闆娘與大廚的下落，卻遍尋不著。新太郎的老家在從船橋町往北走兩公里多的鄉下聚落，迫於現實的他只好暫時委身老家，透過市公所介紹，受僱於小岩町的某家運送屋[1]。

一、兩個月過去，新太郎多少攢了些錢，縱使再怎麼奢侈，口袋裡也總塞著千圓鈔；於是從洋服到鞋子，新太郎為自己添了些行頭，每天除了上工之外，還會逛逛黑市、大啖美食、暢飲醇酒。

新太郎晚上有時會和五、六位好友睡在蓋於田地中央的小屋，有時則是趁閒暇時回去位於船橋的老家，順道在黑市買幾串一串拾圓的蒲燒鰻當作伴手禮，還有一枝壹圓的糖給附近小孩，再塞些現金給母親。

新太郎想讓親兄弟與鄰居看看自己有工作、不必為錢發愁的模樣，讓那些以往總是斥責、不滿他的長輩瞧瞧自己現在飛黃騰達的樣子，再也沒有比

譯註｜1｜現在的貨運行。

這更令人痛快的事。

光是掙口氣給鄉下父老看，已經無法讓他感到滿足。新太郎開始懷念以往在「紅葉」廚房幫忙的日子，想見見曾痛斥他一頓，叫做上田的大廚，還有老闆娘和老闆、每晚都會來店裡小酌一番的熟客，以及差遣他跑腿買菸，將找零當小費給他的客人。新太郎身穿與派駐美軍士兵一樣高檔的純毛料洋服，腳上是戰時士官穿的真皮長靴，頭戴無帽簷的帽子，戴著一副墨鏡，一派年輕勞工模樣。十分想念往昔日子的他，就連上工路上也很勤奮地打探這些人的消息。

大廚的老家在下谷[2]的入谷，新太郎特地去了趟當地區公所打聽，雖問到大廚的租屋處，卻不知能否見著。「紅葉」老闆娘原本在赤坂當藝妓，那時的她約莫二十四、五歲，現在應該過了三十。新太郎還聽聞老闆在木場經營木材批發生意，不知統制後下令凍結財產一事是否對其有影響，雖然如此慘事不見得會發生在老闆身上，但新太郎一想到此，更想打聽對方的下落，

譯註｜2｜東京都台東區。

想向以往曾關照過他的人道謝。新太郎的眼底浮現景氣昌盛時，藝妓和客人喧嚷的模樣，心想當年和老闆娘同是藝妓的好姊妹應該有五、六位，所以起碼能和其中一位在哪裡巧遇才是，於是這麼想的新太郎就連開貨車經過赤坂時，也會不時留意來往行人。

某日，新太郎開車載著客人從東京的中野遷居至小田原的成堆行李，途經東海道時，想說在藤澤一帶的路旁休憩片刻，坐在松樹蔭下吃便當；此時，瞧見一位氣質脫俗的婦人牽著小狗走來。新太郎清楚記得見過這隻狗，卻始終想不起狗兒和婦人的名字；只見他一手拿著便當站起來，朝婦人喚道：「莫非您是去過紅葉的客人？」又說：「是我，您住在這一帶嗎？」

「哎呀！」只見婦人這麼回應，似乎也忘了新太郎的名字，只好含糊地問：「你是什麼時候回來的呀？」

「今年春天。對了，紅葉的老闆娘不知如何了？我向町會[3]打聽她的下落，無奈沒有任何消息。」

譯註｜3｜由城鎮居民組織而成的自治會團體。

「那家店逃過火劫，但遭強制疏散，所以店關了。」

「那麼，店沒事囉！」

「暫時沒事就是了。現在還落腳在疏散地呢！」

「疏散到何處呢？」

「千葉縣八幡。我應該有記下地址，寫一下你的住址，我回家後寄張明信片告知你。」

「八幡是嗎？難怪找不著。我在小岩的運送屋工作。」

新太郎捏扁香菸紙盒，在上頭寫了地址，遞給對方。婦人邊唸著上頭的字，邊問；

「小新是吧！還真是徹底轉行呢！景氣好嗎？」

「非常好，工作多到就算好幾副身體也不夠用。麻煩您代我向其他人問好。」

新太郎這麼說之後，便和助手一起縱身輕躍上車。

譯註｜3｜1883-1956，Marie Laurencin，法國畫家、雕刻家。

那天，新太郎趁天色未暗之前結束工作，依著地址尋訪紅葉所在的疏散地。

從省縣的驛站經由國道，來到位於街角的巡查派出所，再經過有京成電鐵行經的鳥居前，出了八幡神社的松樹林後，沿著大水溝旁的道路來到那位婦人告知的四五町。一路行經的景致從一般民宅變成像是別墅般門面堂皇的宅邸、茅草葺的農家、田地與松樹林後，又進入蜿蜒岔路，一時之間失了方向感。初秋之日不知不覺間夕陽西下，聽著吹搖玉米的風聲，耳畔迴響著路旁的蟲鳴，總覺得就算問了還要走多久，看著門牌上的名字時，還是存著是否走對的疑慮。為求慎重起見，新太郎決定再問一次路，心想要是再尋不著的話，今日就此打道回府時，瞧見兩、三個手持竿子抓蜻蜓，正在嬉戲的孩子，遂叫住他們，其中一個孩子回道：

「就是前面那戶人家唷！」

另一個孩子也說：「就是有棵松樹的那戶人家。」

「是喔，謝啦！」

新太郎瞧著孩子們告知的那戶有扇小門的人家，感覺要是這戶人家的話，可以很輕鬆地初次登門造訪。

兩旁皆是成排大葉黃楊樹籬，盡頭又是一扇同樣的小門。新太郎確認門牌與松樹後走了進去，映入眼簾的是種了玉米與茄子的菜園，一直延伸至兩層樓新房子的格子戶前。

新太郎站在屋簷下的玄關口喊了一聲，瞧見有個一身洋裝，女傭模樣的女人拿著小火爐走出玻璃門；一瞧，正是在銀座店裡負責溫酒的阿近。

「阿近姊。」

「哎呀！小新，你平安無事呀！」

「是啊！兩隻腳都還在呢！還請阿近姊通報一聲新太郎來訪。」

不待阿近通報，從廚房走出來一位年約三十前後，一頭捲髮，中形[4]浴衣上頭繫著由舊衣改成的半帶[5]的婦人，這模樣即便在東京，若非出身下町

譯註｜4｜一種中形花紋的浴衣布料。

女子，也難以分辨是否為良家婦女。

「您好。我遇到赤坂的姊姊，打聽到這裡的地址。」

「這樣啊！來得正好，外子也在呢！」

老闆娘朝屋內喊道：

「老公，新太郎來了唷！」

「是喔！帶他從庭院那頭進來。」傳來這樣的回應。

新太郎跟著女傭走到庭院，瞧見年過半百，面容還是紅潤的老闆坐在秋草叢生的檐廊邊。

「你還真會找呢！這一帶的地址很亂，就算問了路也不好找啊！快上來吧！」

「是。」新太郎落坐檐廊，「我是這春天回來的，四處打聽您的去處，卻遲遲沒下文，真是好久不見。」

「現在住哪兒？」

譯註｜5｜半幅帶，一種女用衣帶，又稱為細帶、四寸帶。

「住在小岩，開貨車送貨，工作忙到實在分身乏術。」

「忙是好事啊！來得正好，留下來吃頓晚飯，我們好好聊聊吧！」

「上田先生如何呢？」新太郎邊脫鞋，邊問大廚上田的事。

「上田的老家在岐阜，我也不清楚他的情況，不過那邊八成也被下令疏散吧！多虧疏散一事，我們才能在此定居，沒遇上火劫啊！」老闆喚老闆娘，這麼交代：「晚一點用餐，先幫我們準備啤酒。」

「是，這就去準備。」

新太郎的口袋裡塞了兩包美國的捲菸草，打算作為伴手禮；只見老闆從和服袖口掏出一模一樣的紙袋，取出一根的同時，將袋子遞向新太郎；正要拿出伴手禮的新太郎，探進口袋的手頓時停住。

「來一根吧！」

「可別老是抽配給的菸草啊！那種東西沒法比啊！看菸草便曉得我們打了敗仗。」

老闆娘將茶台端至客廳。

「小新，來這兒坐吧！沒什麼好招待的。」

茶台上擺著小黃瓜、寒風曬鮭魚片，還有兩個杯子，老闆娘拿起一瓶啤酒，說道：

「因為用的是井水，恐怕沒那麼冰。」

「老闆先請。」新太郎待主人一口飲盡後，才拿起杯子。

因為啤酒只有兩瓶，之後換上日本酒，新太郎只喝了兩、三杯。兩人聊著休戰後，新太郎從滿州歸來的事，女傭端出飯桶。老闆娘看了一眼擺在茶台上的菜餚，鹽烤竹莢魚、撒了些蘘荷的蛋湯、燉煮茄子與印籠[6]，食器皆已擺妥，配的是白米飯。

舉凡飲食料理的黑市行情、第二次封鎖一事，兩人在天南地北的暢談中用完了晚飯。庭院已沒入黑暗，天空星辰耀眼，還聽得到松風聲，不時有趨向燈光，結果一頭撞上拉門的蟲子；瞧見隔壁人家正在燒洗澡水，從樹籬縫

譯註｜6｜將越瓜與小黃瓜兩端切掉，挖出籽，塞進小容器裡醃漬。

隙間可窺見閃滅的薪火。新太郎瞅了一眼錶，

「突然登門造訪，多謝款待。」

「下次再聊。」

「多謝老闆娘的款待。若有任何需要幫忙之處，還請捎封明信片給我。」

新太郎行了好幾次禮後，步出小門。外頭和庭院一樣昏暗，循著從民宅窗戶流洩出來的燈影前行，感覺比來時快，不一會兒便行至京成電車的軌道。不知為何，新太郎對於被前老闆招待一事，並未打從心底覺得高興，該說有點出乎意料，還是失望，總覺得有些無趣；新太郎也不明白自己為何會有這樣的心情。

手摸到放在口袋裡忘了拿出來作為伴手禮的捲菸草。新太郎趕緊掏出紙包，抽出一根，用打火機點著，心想財產遭凍結的老闆還能過著每晚暢飲麥酒與日本酒的生活，足見他們過得並不窘困，起碼不像報章雜誌、評論報導所言的戰後社會那麼悽慘；看來中產階級尚未被完全逼至絕境，這個自古以

來的社會組織並未遭到破壞。一想到以往輕鬆過活的人們依舊不愁吃穿，還是過得輕鬆自在，新太郎便覺得自己現在的生活實在也沒什麼好得意，結果這般自己也覺得莫名其妙的不滿心情越來越強烈。

車子開上國道，張望四周，瞥見來時見過的藥房招牌。新太郎突然很想喝一杯，又在八幡車站前發現小攤販，可惜沒有賣酒的店。喫茶店似的店面，燈火通明，玻璃窗裡陳列著標上價格的羊羹和菓子，往來行人看到價格如此不斐的甜點，莫不一臉詫異，甚至有人不以為然地撂了一句：「要人啊！」便快步離去。新太郎走進店裡，一屁股坐在椅子上，看向貼在牆上的品項中最昂貴的商品，

「給我一包蘋果的吧！要最好的。還有，羊羹甜嗎？嗯，如果甜的話，給我包個二十三塊，我要分送給附近鄰居家孩子。」

昭和二十一年（一九四六）十一月

附錄

荷風重要年表及本書文章寫作年代

永井荷風（ながいかふう，Nagai Kafu，一八七九—一九五九），小說家，本名壯吉，號金阜山人、斷腸亭主人。生於東京小石川，父親為藩士出身，任政府官僚，因此他擁有深厚漢學修養，又受母親影響，熟習歌舞伎及日本傳統音樂。荷風二十多歲赴歐美，吸收許多歐美新知，歸國後任慶應大學教授，任職期間編輯雜誌《三田文學》。其後辭任，發表許多小說及隨筆，晚年獲政府頒發文化勳章。他喜愛散步東京，鍾情江戶時代文化，留下許多描繪城市景致的散步隨筆。代表作有《濹東綺譚》、《美利堅物語》、《法蘭西物語》、《日和下駄》等。另有作品《斷腸亭日乘》，是他四十多年來的日記。

一八七九（明治十二）年	0歲	出生於東京市小石川區
一八九七（明治三十）年	18歲	隨父親至上海，回國後發表〈上海紀行〉
一九〇三（明治三十六）年	24歲	在父親安排下赴美國留學
一九〇七（明治四十）年	28歲	轉至法國工作
一九〇八（明治四十一）年	29歲	歸國，發表《美利堅物語》
一九〇九（明治四十二）年	30歲	發表《法蘭西物語》
一九一〇（明治四十三）年	31歲	任教慶應義塾大學文學科，講授法國文學 創辦雜誌《三田文學》 隨筆〈傳通院〉、隨筆〈夏之町〉
一九一一（明治四十四）年	32歲	隨筆〈銀座〉
一九一四（大正三）年	35歲	與藝妓八重次結婚，隔年離婚 開始連載《日和下駄》

一九一六（大正五）年	37歲	辭去教職
一九一七（大正六）年	38歲	開始執筆《斷腸亭日乘》
一九二〇（大正九）年	41歲	搬遷至麻布區「偏奇館」
一九二三（大正十二）年	44歲	好友井上啞啞去世・關東大地震
一九二六（大正十五、昭和元）年	47歲	開始造訪銀座「Café Tiger」
一九二七（昭和二）年	48歲	隨筆〈帝國劇場的歌劇〉
一九三四（昭和九）年	55歲	隨筆〈深川散步〉
一九三六（昭和十一）年	57歲	隨筆〈寺島之記〉・隨筆〈鐘聲〉
一九三七（昭和十二）年	58歲	發表小說《濹東綺譚》
一九三八（昭和十三）年	59歲	《葛飾情話》於淺草歌劇館公演
一九四四（昭和十九）年	65歲	收堂弟大島一雄的次男永光為養子

一九四五（昭和二十）年	66歲	二戰空襲將偏奇館燒毀
一九四六（昭和二十一）年	67歲	隨筆〈草紅葉〉、小說〈羊羹〉
一九五二（昭和二十七）年	73歲	獲政府頒發文化勳章
一九五四（昭和二十九）年	75歲	被推選為日本藝術院會員
一九五七（昭和三十二）年	78歲	移居最後一個住處，千葉縣市川市八幡町
一九五九（昭和三十四）年	79歲	四月三十日因胃潰瘍發作離世

◎王文萱 整理

小感日常03

和日本文豪一起漫遊老東京

——跟著永井荷風散步淺草、銀座、築地、月島、麻布……

作　　者　永井荷風
譯　　者　楊明綺
策　　畫　好室書品
特約編輯　陳靜惠、盧琳
單元協力　王文萱（「輕知日」專欄）
封面設計　白日設計
內頁排版　洪志杰

發 行 人　程顯灝
總 編 輯　呂增娣
主　　編　翁瑞祐、徐詩淵
資深編輯　鄭婷尹
編　　輯　吳嘉芬、林憶欣
美術主編　劉錦堂
美術編輯　曹文甄、黃珮瑜
行銷總監　呂增慧
資深行銷　謝儀方、吳孟蓉
發 行 部　侯莉莉
財 務 部　許麗娟、陳美齡
印　　務　許丁財
出 版 者　四塊玉文創有限公司

總 代 理　三友圖書有限公司
地　　址　一〇六台北市安和路二段二一三號四樓
電　　話　(02) 2377-4155
傳　　真　(02) 2377-4355
電子郵件　service@sanyau.com.tw
郵政劃撥　05844889 三友圖書有限公司

總 經 銷　大和書報圖書股份有限公司
地　　址　新北市新莊區五工五路二號
電　　話　(02) 8990-2588
傳　　真　(02) 2299-7900

製版印刷　皇城廣告印刷事業股份有限公司

初　　版　二〇一八年五月
定　　價　新台幣二八〇元
ＩＳＢＮ　978-957-8587-21-2（平裝）

國家圖書館出版品預行編目 (CIP) 資料

和日本文豪一起漫遊老東京：跟著永井荷風散步淺草、銀座、築地、月島、麻布……/ 永井荷風 著；楊明綺譯. -- 初版. -- 台北市：四塊玉文創, 2018.05
面；　公分. --（小感日常；3）
ISBN 978-957-8587-21-2(平裝)

1. 旅遊文學 2. 日本東京都

731.72609　　107005739

廣 告 回 函
台北郵局登記證
台北廣字第2780號

地址： 縣/市 鄉/鎮/市/區 路/街

段 巷 弄 號 樓

SANYAU

三友圖書有限公司 收

SANYAU PUBLISHING CO., LTD.

106 台北市安和路2段213號4樓

SANYAU
三友圖書
讀書俱樂部

「填妥本回函，寄回本社」，即可免費獲得好好刊。

粉絲招募歡迎加入
臉書／痞客邦搜尋
「三友圖書-微胖男女編輯社」
加入將優先得到出版社
提供的相關優惠、
新書活動等好康訊息。

四塊玉文創×橘子文化×食為天文創×旗林文化
http://www.ju-zi.com.tw
https://www.facebook.com/comehomelife

【黏貼處】對折後寄回，謝謝。

親愛的讀者：

感謝您購買《和日本文豪一起漫遊老東京：跟著永井荷風散步淺草、銀座、築地、月島、麻布……》一書，為感謝您對本書的支持與愛護，只要填妥本回函，並寄回本社，即可成為三友圖書會員，將定期提供新書資訊及各種優惠給您。

姓名＿＿＿＿＿＿＿＿ 出生年月日＿＿＿＿＿＿＿＿

電話＿＿＿＿＿＿＿＿ E-mail ＿＿＿＿＿＿＿＿

通訊地址＿＿＿＿＿＿＿＿

臉書帳號＿＿＿＿＿＿＿＿ 部落格名稱＿＿＿＿＿＿＿＿

1 年齡
□ 18 歲以下 □ 19 歲～ 25 歲 □ 26 歲～ 35 歲 □ 36 歲～ 45 歲 □ 46 歲～ 55 歲
□ 56 歲～ 65 歲□ 66 歲～ 75 歲 □ 76 歲～ 85 歲 □ 86 歲以上

2 職業
□軍公教 □工 □商 □自由業 □服務業 □農林漁牧業 □家管 □學生
□其他＿＿＿＿＿＿

3 您從何處購得本書？
□網路書店 □博客來 □金石堂 □讀冊 □誠品 □其他＿＿＿＿＿＿
□實體書店＿＿＿＿＿＿

4 您從何處得知本書？
□網路書店 □博客來 □金石堂 □讀冊 □誠品 □其他＿＿＿＿＿＿
□實體書店＿＿＿＿＿＿ □ FB(三友圖書 - 微胖男女編輯社)
□好好刊(雙月刊) □朋友推薦 □廣播媒體＿＿＿＿＿＿

5 您購買本書的因素有哪些？（可複選）
□作者 □內容 □圖片 □版面編排 □其他＿＿＿＿＿＿

6 您覺得本書的封面設計如何？
□非常滿意 □滿意 □普通 □很差 □其他＿＿＿＿＿＿

7 非常感謝您購買此書，您還對哪些主題有興趣？（可複選）
□中西食譜 □點心烘焙 □飲品類 □旅遊 □養生保健 □瘦身美妝 □手作 □寵物
□商業理財 □心靈療癒 □小說 □其他＿＿＿＿＿＿

8 您每個月的購書預算為多少金額？
□ 1,000 元以下 □ 1,001 ～ 2,000 元 □ 2,001 ～ 3,000 元 □ 3,001 ～ 4,000 元
□ 4,001 ～ 5,000 元 □ 5,001 元以上

9 若出版的書籍搭配贈品活動，您比較喜歡哪一類型的贈品？（可選 2 種）
□食品調味類 □鍋具類 □家電用品類 □書籍類 □生活用品類 □ DIY 手作類
□交通票券類 □展演活動票券類 □其他＿＿＿＿＿＿

10 您認為本書尚需改進之處？以及對我們的意見？
＿＿＿＿＿＿＿＿＿＿＿＿＿＿＿＿

感謝您的填寫，

您寶貴的建議是我們進步的動力！

【黏貼處】對折後寄回，謝謝。